AF557909

AMRA

JOHN MATTHEWS

DIE SÍDHE

Weisheiten des irischen Feenvolkes, empfangen aus der Anderswelt

Vorwort von David Spangler

Aus dem Amerikanischen von Thomas Görden

Besuchen Sie unseren Shop:
www.AmraVerlag.de

Ihre 80-Minuten-Gratis-CD erwartet Sie.
Unser Geschenk an Sie … einfach anfordern!

Amerikanische Originalausgabe:
The Sídhe. Wisdom from the Celtic Otherworld

Deutscher Erstdruck im AMRA Verlag
Auf der Reitbahn 8, D-63452 Hanau
Hotline: +49 (0) 61 81 – 18 93 92
Service: Info@AmraVerlag.de

Herausgeber & Lektor	Michael Nagula
Einbandgestaltung	Guter Punkt
Layout & Satz	Birgit Letsch
Druck	CPI books GmbH

ISBN Printausgabe 978-3-95447-457-8
ISBN eBook 978-3-95447-458-5

Die Glyphe im Quadrat zeichnete Valorie Fanger nach einer Vorlage von John Matthews, die Zeichnung vor Kapitel 9 stammt von Deva Berg.

Inhalt

Vorwort 7

Einleitung 10

1 Irland ruft 13
2 Gortnasheen 26
3 Anfänge 47
4 Ein Wiedersehen 67
5 Inkarnation 88
6 Die Reise 115
7 Begegnung mit den Ahnen 135
8 Gefährten 152
9 Die größere Harmonie 177

Nachbemerkung 192
Leseempfehlungen 194
Zur deutschen Ausgabe 196
Über den Autor 198
Stimmen zum Buch 201

Dem Volk der Sídhe
und den furchtlosen Teilnehmern der
Jean Houston Tour of Britain 2000,
denen ich zum ersten Mal Teile
dieses Textes vorlas
und die darauf sehr positiv reagierten.

JM. Oxford.

Vorwort

Als ich gebeten wurde, ein Vorwort zur deutschen Ausgabe dieses bahnbrechenden Buches meines Freundes John Matthews zu schreiben, empfand ich das als Freude und Ehre. Noch während des Entstehens gewährte er mir Einblick in sein noch unvollendetes Manuskript über die Sídhe, und bis dahin hatte ich von ihnen nur gewusst, dass sie eine Rolle in der keltischen Mythologie spielen. Ich hatte noch nie persönlichen Kontakt zu ihnen gehabt und ahnte nicht, dass ein solcher Kontakt später eine wichtige Rolle in meiner eigenen Beschäftigung mit der Inkarnations-Spiritualität spielen würde. Johns Buch verhalf mir zu neuen Erkenntnissen über diese »Vettern« und »Kusinen« der Menschheit und verdeutlichte, wie wichtig ihre Präsenz in der Welt und unsere Kommunikation mit ihnen für uns sein kann. Johns Buch erlebte seitdem einen hochverdienten Erfolg. Und was seinen Einfluss auf viele Menschen, mich eingeschlossen, betrifft, hat es sich die Bezeichnung »Klassiker« wahrlich verdient.

An Johns weiteren Kontakten mit den Sídhe nach der Veröffentlichung seines Buchs in den USA und an Begegnungen mit ihnen, die ich selbst und andere erlebten, zeigt sich, wie auch John selbst schreibt, sehr deutlich, dass die Sídhe die Menschheit *warnen* wollen. Sie machen auf die Gefahren aufmerksam, die uns – und ihnen – drohen, wenn wir die Erde weiter so missbrauchen wie bisher. Nicht nur John und ich, sondern zahlreiche Menschen in aller Welt haben in den letzten Jahren solche warnenden Mitteilungen von unseren Verwandten, den Sídhe, erhalten.

Doch erfreulicherweise übermitteln sie uns nicht nur Warnungen. Die Sídhe bekräftigen immer wieder, *dass sie keine Geistwesen sind, sondern auf ihre Art genauso körperlich wie wir*, wenn auch auf einer anderen Wellenlänge oder Frequenz der Materie. Überdies sind sie ein Teil der Menschheit: Unsere beiden Spezies besitzen einen gemeinsamen, vor langer Zeit existierenden Vorfahren. Als Verwandte ist unser Schicksal eng miteinander verknüpft. Auch wenn wir das während unserer gegenwärtigen materialistischen Zivilisation weitgehend vergessen haben, teilen wir mit den Sídhe doch eine angeborene Beziehung zur Natur – und die Fähigkeit, Ganzheit und Heilung zurück in die Welt zu bringen. Ein wichtiges Ziel der Kommunikation der Sídhe mit der Menschheit besteht deshalb darin, uns dabei zu helfen, unseren »inneren Sídhe« zu entdecken, unsere Fähigkeit, in einer Weise mit unserer Welt in Beziehung zu treten, die für die Erde endlich wieder segensreich und heilend ist.

Werden wir auf ihre Warnungen hören und die in uns schlummernden Fähigkeiten eines »Sídhe« aktivieren? Das wird die Zeit zeigen.

Aber dank John und seinem bahnbrechenden Buch verbreitet sich die Botschaft um ihre Existenz jetzt immer mehr auf der Welt. So können wir von der Botschaft unserer »Vettern« und »Kusinen« erfahren, sie in unserem Leben anwenden und damit uns allen Hoffnung schenken.

David Spangler
Issaquah, Washington, USA

Einleitung

Viele der Worte, die Sie in diesem Buch lesen werden, wurden mir von Wesen diktiert, die außer mir niemand sehen konnte. Während mehrerer Wochen saß ich täglich an meinem Computer, die Augen halb geschlossen, und blickte nur gelegentlich zu dem Bild auf, das ich über meinen Schreibtisch gehängt hatte. Dann, für eine gewisse Zeit, tippte ich wieder wie wild. Meine Finger versuchten, mit den Worten mitzuhalten, die ich hörte.

Die Wesen, die mit mir kommunizierten, nannten sich selbst *Sídhe*. Sie sprachen es »schi« aus. Das ist ein uralter Name für das irische Volk der Feen, englisch *fairies*. Ich hatte damals und habe auch heute keinen Grund, ihnen nicht zu glauben, denn meine inneren Sinne sagten mir zweifelsfrei, dass sie so real waren, wie ich es (wahrscheinlich) bin. Was sie zu sagen hatten, erscheint faszinierend und mitunter höchst tiefgründig und ist ganz sicher *nicht* das Produkt meiner eigenen Fantasie.

Manche Leute werden der Ansicht sein, dass es sich hierbei um ein »gechanneltes« Buch handelt, und sie werden sich möglicherweise erinnern, dass ich mich durchaus nicht immer positiv über Channeling geäußert habe. Ein großer Teil der auf diese Weise produzieren Texte erscheint mir auch heute noch im besten Fall unzuverlässig und schlimmstenfalls irreführend. Allein schon aus diesem Grund habe ich diesen Bericht erst nach reiflicher Überlegung niedergeschrieben – geschweige denn veröffentlicht. Letztlich waren es zwei Dinge, die mich dann doch überzeugten – freundlicher Druck von Kollegen und die Natur des Materials selbst, das also, was die Sídhe mir konkret übermittelten. Nicht dass ich der Meinung wäre, das hier schriftlich Festgehaltene sei wichtiger als die in einem Dutzend anderer Bücher enthaltenen Informationen aus dem Feenreich, aber ich habe den Eindruck, dass dieser Text nützlich für Menschen sein kann, die sich wie ich auf dem spirituellen Weg befinden. Deshalb habe ich beschlossen, die Geschichte mehr oder weniger genauso zu erzählen, wie sie sich abspielte, und ohne weitere Erläuterungen. Ich überlasse es Verstand und Herz meiner Leserinnen und Leser zu entscheiden, ob die Botschaft für sie von Wert ist.

Aus nachvollziehbaren Gründen habe ich allerdings Namen und Orte geändert. Und ich habe die mir von den Sídhe diktierten Worte in eine Rahmengeschichte gekleidet, um sie leichter lesbar zu machen. Es gibt in Irland keine prähistorische Kultstätte namens Gortnasheen, aber der Ort, an dem die beschriebenen Ereignisse stattfanden, existiert.

Gestatten Sie mir, dass ich Keith Harris (Name geändert) für seine Einladung zu etwas danke, das sich zu guter Letzt als die aufregendste Reise meines Lebens entpuppen sollte. Auch danke ich Jeremy Berg von der Lorian Press für seine Bereitschaft, sich dieses Projekts anzunehmen, meiner Frau Caitlin dafür, dass sie zur rechten Zeit die richtigen Fragen stellte, und meinem Freund David Spangler für sein beharrliches Nachfragen.

Doch am tiefsten stehe ich beim Volk der Sídhe selbst in der Schuld. Diese gar nicht so ferne Zivilisation hat uns allen auch heute noch, im einundzwanzigsten Jahrhundert, so viel zu sagen.

John Matthews
Oxford, England

Kapitel 1

Irland ruft

»Ich habe etwas zu sagen, das dein Volk hören sollte.«

Als ich von den regennassen Straßen Oxfords nach Hause kam, klingelte das Telefon. Ich ließ meine Tasche fallen und nahm schnell den Hörer ab.

»Hallo, John? Hier ist Keith – Keith Harris. Aus Dublin. Ich glaube, ich habe hier etwas Interessantes für dich.«

Ich ging das Adressbuch in meinem Kopf durch und fand den Namen. Keith Harris war Archäologe und arbeitete für das Irish Heritage Board. Sein Fachgebiet waren alte Monumente.

»Hallo, Keith. Schön, von dir zu hören. Was ist es denn?«

»Eine neue Ausgrabungsstätte, westlich von Dungarrow. Wir graben dort schon fast ein Jahr. Haben ein paar interessante Dinge gefunden. Ich dachte, du hast vielleicht Lust, herzukommen und einen Artikel darüber zu schreiben.«

Ich verdiene meinen Lebensunterhalt mit Forschungen zur vorchristlichen Geschichte und Überlieferung, insbesondere in England und Irland. Ich bin Dozent für dieses Fachgebiet, habe in England und den Vereinigten Staaten gelehrt und zahlreiche Bücher veröffentlicht. So sind einige Freundschaften zu Archäologen entstanden, die geistig offen an dieses Thema herangehen. Keith war einer von ihnen, und schon mehr als einmal hatte er mich zu sehr faszinierenden Fundstätten eingeladen.

Ich überlegte angestrengt und versuchte, mich zu erinnern, ob ich nicht vielleicht schon etwas über historische Stätten in der von Keith benannten Gegend gehört hatte.

»Schön, dass du an mich denkst«, sagte ich schließlich. »Was kannst du mir denn über diesen Ort erzählen?«

»Jetzt noch nichts. Erst, wenn du hier eintriffst.«

»Klingt geheimnisvoll.«

»Nicht wirklich. Ich möchte, ehe ich mich darauf einlasse, nur sichergehen, dass du auch wirklich interessiert bist.«

»Wann soll ich denn zu dir kommen?«

»Ist kein Grund zu besonderer Eile. Einfach, wenn es dir zeitlich passt.«

Ich schaute in den Terminkalender, der, um die Wahrheit zu sagen, bei mir gerade ziemlich leer war. Es war der 6. Juli 1998.

»Okay. Ich komme am Freitag.«

»Prima. Ich hole dich am Flughafen ab. Also, bis in drei Tagen.«

Er legte auf. Als ich, eine Stunde später, an meinem Schreibtisch saß, dachte ich über seinen Anruf nach und fragte mich, was es an dieser neuen Ausgrabungsstätte wohl zu entdecken gab. Dabei überkam mich ein sonderbares Gefühl, ein Gefühl, das ich schon kannte. Manche Leute würden es als »mediales Prickeln« bezeichnen. Es überkommt mich manchmal, wenn ich historische Stätten besuche. Es ist, als versuchten die Menschen, die dort einst lebten, mit mir zu sprechen. Mitunter glaube ich dabei sogar, Stimmen zu hören. Es ist sicher nachvollziehbar, dass ich diese Erlebnisse lieber für mich behielt. Ich hatte mir als seriöser Geschichtsexperte einen Namen gemacht. Herumzuerzählen, ich hätte mediale Kontakte zu Menschen, die seit Jahrhunderten tot waren, hielt ich in meinem Berufszweig nicht für eine gute Idee. Das ist auch der Grund, warum ich lange zögerte, dieses Buch zu veröffentlichen.

Aber das »Prickeln« war da – wie ein kalter Finger, der mir über den Nacken strich. Ich ahnte, dass in Irland etwas geschehen würde. Ich hatte jedoch keine Ahnung, welche enormen und unwiderruflichen Veränderungen in meinem Leben mir dadurch bevorstanden.

~ o ~

Drei Tage später stieg ich am Flughafen Dublin aus dem Flieger. Keith Harris erwartete mich und schüttelte mir herzlich die Hand.

»Willkommen in Irland, John.«

Keith sah mehr wie ein Bauer, nicht wie ein Archäologe aus. Er war klein und stämmig, mit von einem Leben, das größtenteils in der freien Natur stattfand, geröteten Gesicht. Er war etwa sechzig Jahre alt, wirkte aber jünger. In seinen leuchtend blauen Augen funkelte noch immer jugendlicher Enthusiasmus.

»Sorry wegen der Geheimnistuerei«, sagte er, während wir zu seinem verbeulten alten Auto gingen. »Es ist nur so, dass da in Gortnasheen, nun ja, etwas *anders* ist.«

Ich hörte den Namen zum ersten Mal. Selbst da schon, bevor ich überhaupt an Ort und Stelle war, spürte ich wieder dieses »Prickeln«, für das es keine rationale Erklärung gab.

Ich sagte nichts und zog es vor abzuwarten, wie die Dinge sich entfalten würden.

Nach dieser Bemerkung mied Keith auffällig jede weitere Bemerkung zu seiner neuesten Ausgrabung. Stattdessen redete er, während wir aus dem Ballungsraum der Großstadt Dublin hinaus nach Westen in die saftig grüne Landschaft fuhren, über allgemeine Themen. Er erkundigte sich, was ich getrieben hatte seit unserer fast drei Jahre zurückliegenden letzten Begegnung (auf einer sehr langweiligen Party zu Ehren eines sehr langweiligen

Kollegen). Was seine eigenen Aktivitäten anging, erzählte er nur von anderen interessanten Orten, wo unter Schirmherrschaft des Irish Heritage Board gegenwärtig Ausgrabungen stattfanden. Aber obwohl ich zuhörte und höfliches Interesse zeigte, kreisten meine Gedanken um Gortnasheen und die Frage, was mich wohl dort erwartete.

Irgendwie, auch wenn ich es nicht hätte in Wort fassen können, wusste ich, dass ich dort viel mehr vorfinden würde als einen Haufen Steine und eine archäologische Grabungsstätte.

~ o ~

Die Fahrt von Dublin nach Gortnasheen dauerte etwas mehr als zwei Stunden. Die Landschaft, durch die wir fuhren, war ohne größere Erhebungen – ein leuchtend grüner, welliger Teppich. Bei meiner Ankunft war der Himmel grau und bedeckt gewesen, aber als wir Richtung Westen fuhren, klarte das Wetter auf, und bald zeigte sich eine wässrige Sonne. Keith sagte, dass dies der erste Tag seit fast einer Woche sei, an dem es nicht pausenlos regnete. (»Dieses Wetter hat uns die Arbeit nicht gerade erleichtert!«) Dann schwieg er, während wir die letzten Kilometer zum Dorf Dungarrow fuhren, dem der Ausgrabung nächstgelegenen Ort.

Dort quartierte mich Keith in einem Gästezimmer des örtlichen Pubs ein und regte an, vor dem Besuch der Grabungsstätte etwas zu essen. Ich spürte plötzlich bei ihm ein Widerstreben, als befielen ihn jetzt, wo er mich hierher gebracht hatte, Zweifel, ob er das Richtige getan hatte.

Während wir Fisch und Chips aßen und dazu ein frisch gezapftes Bier tranken, beschloss ich, das Thema offen anzusprechen.

»Erzähl mir von eurem Fund«, tastete ich mich vor.

Keith trank einen Schluck Bier und stellte das Glas vielleicht ein bisschen zu heftig wieder auf den Tisch. »Nimm's mir nicht übel, aber ich will lieber nichts erzählen, bevor du an Ort und Stelle bist.« Dabei hatte ich den Eindruck, dass seine Wangen noch roter wurden als sonst. Und er wich eindeutig meinem Blick aus.

»Du meine Güte, was habt ihr denn da ausgegraben? Einen Goldschatz?«, fragte ich leichthin.

»Nein, das ist es nicht«, sagte Keith. Schließlich blickte er mir doch noch in die Augen. »Hör mal, das tut mir wirklich leid. Du musst denken, ich hab sie nicht alle. Es ist nur so, dass …« Er zögerte, dann fuhr er schnell fort: »Also, es ist ein Gefühl, nichts, was ich wirklich erklären kann. Ich möchte einfach, dass du dir den Ort unvoreingenommen anschaust. Ich will dich auf keinen Fall vorab irgendwie beeinflussen …«

Mir lag die Erwiderung auf der Zunge, dass die ganze Geheimnistuerei genau das bewirkte, beschloss aber, lieber meinen Mund zu halten.

Wir aßen ohne weitere Diskussion zu Ende und stiegen wieder in Keith' Auto. Er lenkte es aus dem Dorf über eine kurvenreiche Straße, die in einen Feldweg überging, und als auch der endete, fuhr Keith einfach weiter, geradewegs über einen zerfurchten Acker.

Schließlich, als ich schon fürchtete, entweder mein Körper oder sein klappriges Auto würde bei der Schaukelei den Geist aufgeben, hielt er an.

Keith saß einen Moment da, bevor er den Motor stoppte. Dann wandte er sich mir zu, das Gesicht ernst.

»Hör mal, ich habe keine Ahnung, warum ich dich hergeholt habe«, platzte er heraus. »Die Wahrheit ist – und ich weiß, das klingt komisch – ich habe drei Nächte hintereinander davon geträumt. Ich habe darüber nachgedacht, wen ich bitten soll, unseren Fund zu begutachten, und, ehrlich gesagt, dein Name stand nicht auf meiner Liste. Doch nach diesen Träumen fiel mir etwas ein, das du mal vor langer Zeit zu mir sagtest – dass nämlich manche dieser alten Stätten lebendiger sind als andere. Damals verstand ich nicht, was du damit meintest. Um die Wahrheit zu sagen – ich hielt dich für ein bisschen verrückt. Aber da ist etwas Besonderes an diesem Ort … na, du wirst es gleich selbst sehen …« Er verstummte und schaute mich mit einem Anflug von Verzweiflung an.

»Na, dann los«, sagte ich und öffnete ungeduldig die Autotür. »Du kannst mir mehr über die Fundstätte erzählen, während wir hingehen.« Ich hatte schon den Blick über den Acker schweifen lassen, aber nichts entdecken können.

Keith gab mir ein Paar Wellington-Stiefel, die er offenbar extra besorgt hatte, zog auch selbst Stiefel an, und kurz darauf stapften wir über den weichen Ackerboden.

»Das meiste, was wir drinnen gefunden haben, ist neolithisch, ungefähr aus der Zeit um 2000 vor Christus«, sagte Keith, spürbar erleichtert, wieder über vertrautes Terrain zu sprechen. »Aber es gibt auch jüngere Fundstücke, von ungefähr 200 vor Christus, also aus keltischer Zeit. Die gegenwärtige Theorie ist, dass dieser Ort danach noch etwa achthundert Jahre genutzt wurde. Aber er ist definitiv viel älter. Ich schätze, viertausend Jahre älter.«

»Wir haben es also mit einer Fundstätte aus der Steinzeit zu tun? Die dann später von den Kelten genutzt wurde?«

Keith nickte und fügte hinzu: »Die eigentliche Frage ist: wofür genutzt?«

Ich blieb abrupt stehen. »Du meinst, ihr wisst es nicht?« Von einem der führenden Archäologen war das eine sonderbare Bemerkung. Normalerweise sprudelten sie vor Ideen und Meinungen über den Verwendungszweck jeder Anlage, die sie ausgruben.

Keith zögerte, ehe er antwortete. »So einfach ist es nicht. In vielerlei Hinsicht ist das hier eine ganz normale Ausgrabungsstätte. Was mich beunruhigt, sind die Unterschiede, auf die wir gestoßen sind. Aber ich überlasse es dir, dir deine eigene Meinung zu bilden.«

Wir gingen hinüber auf einen anderen Acker, der durch eine Hecke abgeteilt war. Nun lag etwas vor uns, das lediglich ein Haufen Steinbrocken zu sein schien, in einer Bandbreite von sehr mächtig bis hinunter zu Kopfgröße. Auf den ersten Blick schien es nicht mehr als das zu sein. Aber ich hatte genug solcher Stätten besucht, um die eindeutigen Zeichen menschlicher Bautätigkeit erkennen zu können.

Die Steine waren gar nicht so zusammengewürfelt, wie es zunächst den Anschein erweckte. Dort, wo sie noch halb unter der Erde begraben waren, sah man, dass sie zu einem aus dem Untergrund aufragenden Mauerwerk gehörten, während sie an anderer Stelle seitwärts aus diesem noch grob erkennbaren Mauerrund eines künstlich errichteten Hügels herausgefallen waren. Als wir um die Steine herumgingen, sah ich Spuren archäologischer Forschungsarbeit: Torf war weggeschaufelt worden, und ein langer Graben von etwa sechzig Zentimetern Breite und einem Meter achtzig Tiefe führte im rechten Winkel von dem Hügel weg.

Dann gelangten wir zu der, wie ich wusste, Westseite des Hügels. Zwischen zwei besonders mächtigen Steinen befand sich dort eine niedrige, rechteckige Öffnung ins Dunkle. Das war offensichtlich der Eingang. Man hatte ihn mit Bändern abgesperrt und ein Schild hingehängt. Darauf stand:

Keith öffnete die Absperrung.

»Das, was du dir anschauen sollst, ist drinnen«, sagte er. »Auf einem Steinsims neben dem Eingang findest du eine Taschenlampe.«

~ o ~

Als ich vor dem Eingang des künstlichen Hügels stand, kehrte dieses Gefühl zurück, das ich schon zweimal verspürt hatte – nur dass es diesmal doppelt so stark war. In diesem Moment wäre ich keinesfalls überrascht gewesen, wenn eine Gestalt aus lange zurückliegenden Zeiten plötzlich vor uns gestanden hätte und aus dem Hügel ins Freie getreten wäre. Der Eindruck einer zeitlosen Energie, die aus dem dunklen Loch drang, war so stark, dass ich mich für einen Moment nicht vom Fleck rühren konnte. Dann, so plötzlich, wie es gekommen war, verschwand das Gefühl. Ich ging in die Hocke und spähte in die Dunkelheit.

Ein kalter Luftzug traf mein Gesicht – was, hätte ich in dem Moment darüber nachgedacht, recht sonderbar war. Normalerweise waren solche Hügelanlagen nicht sehr tief oder großräumig, so dass eigentlich keine solche Luftströmungen auftraten. Aber ich gestehe, dass ich derartige Überlegungen nicht anstellte. Ich spürte eine steigende Erregung, während ich mich gebückt in die Dunkelheit hineinschob. Meine Hände fühlten überall rauen Stein. Tastend suchte ich nach dem Sims und der Taschenlampe.

Das ging recht schnell, und im nächsten Moment erhellte der breite, goldene Lichtstrahl der Lampe die Dunkelheit. Ich sah einen schmalen Gang, dessen Wände und Decke aus riesigen Steinplatten bestanden. Vor mir befand sich eine zweite Öffnung, und wieder bemerkte ich einen kalten, feuchten Lufthauch. Die Decke war zu niedrig, um aufrecht zu stehen. Also war ich gezwungen, mich kriechend der zweiten Öffnung zu nähern.

Kapitel 2

Gortnasheen

»Wir sind die Sídhe.«

Damit Sie verstehen, was als Nächstes geschah, was ich sah und empfand, muss ich mir einen Moment Zeit nehmen und Ihnen erklären, was ich an einem solchen Ort vorzufinden erwartete.

In weiten Teilen Westeuropas gibt es zahlreiche Megalith-Bauwerke. Errichtet wurden sie in der Steinzeit und bis hinein in die Eisenzeit, also etwa von 4500 bis 1500 v. Chr. Dazu gehören die großen Steinkreise wie Avebury und Stonehenge in Berkshire, Brodgar auf den Orkneys und Callanish auf den Hebriden. Hinzu kommen die großen Hügelfiguren wie der Lange Mann von Wilmington in Sussex und das Weiße Pferd, das in die Kreidelandschaft der Marlborough Downs eingraviert wurde. Auch gibt es zahllose Grabstätten, von denen viele aus der Frühzeit stammen und in späteren Zeitaltern erneut genutzt wurden – manche für Beisetzungen, andere für rituelle Zwecke. Stätten wie Wayland's Smithy in Wiltshire oder das zurecht berühmte Newgrange in Irland sind, trotz der dort durchgeführten intensiven Ausgrabungen und der zahlreichen wissenschaftlichen Veröffentlichungen, noch immer von Geheimnissen umgeben, und vielleicht wird das auch ewig so bleiben.

Viele dieser Stätten sind stumme Zeugen erstaunlicher Ingenieurleistungen. Gewaltige Steinblöcke wurden bewegt und mit äußerster Genauigkeit aufgestellt. Ihre schiere Größe und Massivität kündet von einer Mentalität der Erbauer, die etwas Einschüchterndes, Beängstigendes hat. Und natürlich gibt es eine der mysteriösen Natur der Monumente adäquate Vielzahl an Theorien über ihren Gebrauch und Zweck. Von Landemarkierungen für außerirdische Raumschiffe zu komplexen astronomischen Observatorien wurden in den letzten Jahren alle möglichen Erklärungen präsentiert. Manche dieser Ideen wurden von akademischen Forschern anerkannt, die meisten jedoch nicht. Tatsächlich wissen wir über die wahre Verwendung dieser gewaltigen Baudenkmäler so wenig wie über Sinn und Zweck jenes prozentual sehr großen Teiles unserer Gehirnmasse, den wir nie zu benutzen scheinen.

Diesen Hintergrund hatte ich im Kopf, als ich das Monument von Gortnasheen betrat. Keith hätte es vermutlich als »Ganggrab« bezeichnet, und wir beide hätten Hunderte solcher Grabstätten auflisten können, die verstreut über Irland und Schottland anzutreffen waren. Manche hatte man in völlig intaktem Zustand entdeckt – sie enthielten noch die dort bestatteten Toten, zusammen mit oft kunstvollen Grabbeigaben. Andere – die geheimnisvollsten – waren auf den Innenwänden mit kunstvollen

Ritzbildern ausgestattet: Spiralmuster, Zickzackformen, Dreiecke und Kreise von bislang ungeklärter Bedeutung. Dass sie aber für die Menschen, die sie anfertigten, sehr wichtig gewesen sein mussten, galt weithin als unumstritten.

Das vermittelt Ihnen eine Vorstellung, was ich erwartete: eine steinerne Kammer von vielleicht ein Meter achtzig bis zwei Meter vierzig Länge und sechzig bis neunzig Zentimetern Breite, vielleicht ein oder zwei Ritzbilder, und (je nachdem, wie weit Keith mit seiner Arbeit war) ein paar verstreut herumliegende Knochen.

Ich schob mich also durch den engen Gang, halb kriechend, halb gebückt, bis der Boden sich abwärts neigte. Gleichzeitig öffnete sich die Decke steil nach oben, so weit, dass ich mich aufrichten konnte. Ich schwenkte den Lichtkegel der Taschenlampe und erlebte meine erste Überraschung des Tages.

~ o ~

Die Kammer musste ungefähr drei Meter lang sein und mindestens zwei Meter hoch. Durch den abfallenden Boden befand sie sich mindestens zur Hälfte unter der Erdoberfläche. Ich ließ den Lichtkegel wandern und erlebte meine zweite Überraschung – sie war so groß, dass ich laut aufstöhnte.

Wie schon erwähnt, finden sich auf den Wänden dieser Bauwerke oft Ritzbilder, aber normalerweise nur wenige Dutzend. Hier waren die Wände, wohin man schaute, mit Ritzzeichnungen bedeckt – ein scheinbares Gewirr von Spiralen, Zickzackmustern und ineinander verwobenen Formen, manche miteinander verknüpft, andere freistehend.

Ich muss gestehen, dass meine Knie in diesem Moment nicht wenig zu zittern anfingen. Schneller als beabsichtigt, setzte ich mich auf den Boden aus festgestampfter Erde. Von dort sah ich, dass die Ritzbilder sich bis an die Decke fortsetzten, die als Kraggewölbe ausgeführt war, so gekonnt wie die beste Kirchenarchitektur, aber mehrere Jahrtausende älter.

Dann fiel mein Blick auf eine einzelne Glyphe, größer als die anderen Motive. Sie dominierte die Ostwand der Kammer. Für einen Moment glaubte ich, sie würde aus sich heraus leuchten, bis ich entdeckte, dass sie von Kristallen gesäumt war, die den Lichtschein der Lampe reflektierten. (Eine spätere genauere Untersuchung zeigte, dass Hunderte winziger Kristalle auf dem Stein angebracht worden waren, um die Bedeutung der großen Glyphe zu betonen.)

Als ich auf das Ritzbild starrte, überkam mich wieder dieses kribbelnde Gefühl – stärker als je zuvor.

Für einen Moment flimmerte es mir vor den Augen, so dass die in den Stein eingravierte Glyphe zitterte. Dann klärte sich mein Blick wieder. Ich saß immer noch auf dem Boden der Kammer, und meine Uhr zeigte an, dass nur wenige Sekunden vergangen waren – doch es fühlte sich an, als wäre ich für eine viel längere Zeit an einem anderen Ort gewesen. Was dieser »andere Ort« war, vermochte ich nicht zu sagen, aber das Gefühl war trotzdem da.

Langsam stand ich auf, um mir die große Glyphe aus der Nähe anzusehen. Ich strich mit den Fingern darüber wie jemand, der Blindenschrift liest. Es war keine besonders komplexe Form: eine Spirale mit fünf Windungen, bei der eine senkrechte Linie ausgehend vom oberen Ende durch das Zentrum nach unten verlief. Dieses Muster kam mir irgendwie bekannt vor. Später fand ich heraus, dass in mehreren prähistorischen Stätten in Irland, England und (sonderbarerweise) den Vereinigten Staaten dieses Spiralmuster entdeckt worden war.

Ich stand noch einen Moment da, versuchte meine durcheinander gewirbelten Gedanken zu ordnen und mir darüber klarzuwerden, welcher Natur dieses sonderbare Erlebnis wenige Momente zuvor wohl gewesen war. Doch so sehr ich mich auch bemühte, es wollte mir nicht gelingen, mich wieder in dieses Gefühl hineinzuversetzen. Außerdem war mir bewusst, dass Keith draußen darauf wartete, dass ich ihm meine Eindrücke schilderte.

Etwas widerstrebend ging ich in die Hocke und kroch durch den engen Gang zurück.

∽ o ∼

Das Tageslicht blendete mich, trotz der dichten Wolkendecke. Keith erwartete mich sichtlich ungeduldig, sein Gesicht ein Fragezeichen.

»Du hast recht«, sagte ich. »Es ist erstaunlich, sogar einzigartig. Seit Jahren habe ich nichts so Großartiges gesehen.«

Sein Gesicht hellte sich auf, und er fing an zu reden, schneller als ich es je bei ihm erlebt hatte. Ich erinnere mich nicht genau, was er alles sagte – Einzelheiten darüber, wie ein örtlicher Anwohner das Monument entdeckte hatte, seine eigene Aufregung, als sie den Eingang freilegten, und er zum ersten Mal in die Kammer kroch und den Reichtum an Ritzzeichnungen entdeckte. Dann sagte er, ich müsse mir unbedingt die Pläne anschauen, die er bereits von dem Bauwerk angefertigt hatte.

Wir gingen zu seinem Wagen und fuhren die paar Kilometer zurück nach Dungarrow. Ich glaube, ich schwieg auf dem Rückweg fast die ganze Zeit. Was ich gesehen hatte, ging mir nicht mehr aus dem Kopf, vor allem die große Spiralzeichnung, die mich angefunkelt hatte, als würde ein eigenes Feuer in ihr leuchten.

Ich erinnere mich, dass ich mir Keith' detailreiche Zeichnungen anschaute, dabei voll des zu erwartenden höflichen Lobes war und ihm alle richtigen Fragen stellte. Doch in Wahrheit wollte ich am liebsten allein sein, um ungestört über das nachzudenken, was ich gesehen hatte. Schließlich entschuldigte ich mich damit, dass ich mir Notizen für den Artikel machen wollte, den zu schreiben ja der Grund für meine Einladung gewesen war.

Als ich mich nach oben auf mein Zimmer zurückgezogen hatte, schloss mit einem erleichterten Seufzen die Tür hinter mir.

~ o ~

Ich nahm meinen Laptop und setzte mich an den ziemlich wackligen Tisch vor dem Fenster. Aber obwohl ich dort sicherlich eine Stunde oder länger saß, während sich draußen die Abenddämmerung herabsenkte, schrieb ich nicht mehr als zwei oder drei Sätze. Ich war mit den Gedanken woanders, rief mir alles ins Gedächtnis, was ich je über solche uralten Stätten gelesen hatte, und vor allem über die Glyphen, von denen diese eine, besonders große, einen so tiefen Eindruck bei mir hinterlassen hatte.

Schließlich ging ich zu Bett, konnte aber nicht einschlafen. Ich lag ewig, wie mir schien, in der Dunkelheit und starrte an die Decke. Schließlich dämmerte ich doch weg, und hatte kurze Zeit später den machtvollsten und verstörendsten Traum meines Lebens.

Wenn ich jetzt darüber schreibe, erscheint er mir bizarr, und es würde mich nicht überraschen, wenn die meisten Leute, die diesen Bericht lesen, den Autor für verrückt erklärten. Und doch ist dieser Traum, so seltsam er war, noch gar nichts im Vergleich zu dem, was mich danach erwartete.

Ich träumte, ich befände mich wieder in der Kammer des Grabhügels von Gortnasheen, die nun offenbar von flackerndem Kerzenlicht erleuchtet war. Ich stand vor der Glyphe, die wie von innen leuchtete, und war unfähig, den Blick von dem Spiralmuster zu lösen. Dann wurde ich mir allmählich einer Person bewusst, die seitlich davon stand.

Zuerst nahm ich sie nur verschwommen und schemenhaft war, doch nach und nach wurde der Anblick klarer und konturierter – ein hochgewachsener Mann in archaischer, brauner und grüner Kleidung. Er hatte langes Haar, das locker von einem silbernen Diadem zusammengehalten wurde.

Seine Gesichtszüge waren fein und anmutig. Sie hätten feminin gewirkt, wären da nicht das ausgeprägte Kinn und die intensiven schwarzen Augen gewesen, deren Blick unter hohen Brauen mich fixierte. Es war das in jeder Hinsicht schönste Gesicht, das ich je gesehen hatte.

»Wer bist du?«, hörte ich mich fragen.

»Mein Name tut nichts zur Sache«, antwortete er. *»Ich komme als Vertreter meines Volkes zu dir.«*

»Wer ist dein Volk?«

»Wir sind die Sídhe.«

Und er sprach es aus wie *schi.*

»Die Sídhe?«

»Ein Volk, das schon seit uralter Zeit in diesem Land lebt. Es ist viele Jahrhunderte her, dass ich auf Erden wandelte.«

»Warum bist du gekommen?«, fragte ich.

»Weil die Zeit dafür reif ist. Weil ich etwas zu sagen habe, das dein Volk hören sollte. Bevor es zu spät ist.«

»Ich verstehe nicht«, sagte ich.

»Du wirst verstehen«, entgegnete er. *»Geh wieder in die Kammer. Schau dir das Spiralbild an. Dort werde ich zu dir kommen.«*

Dann war er verschwunden, und im selben Moment erwachte ich, setzte mich im Bett auf und starrte auf das verblassende Bild der Glyphe, das sich regelrecht in meinen Geist eingebrannt hatte.

~ o ~

Ich schaltete die Nachttischlampe ein und schaute auf die Uhr. Es war noch keine halb drei, und ich hatte nicht mehr als zwei Stunden geschlafen. Der Traum schien so real und ging mir einfach nicht aus dem Kopf. Schließlich nahm ich mein Notizbuch und schrieb alles auf, woran ich mich erinnerte. Die letzten Worte meines seltsamen Besuchers, seine Aufforderung, ich möge in die Kammer gehen und mir die Glyphe anschauen, erzeugten in mir ein unbehagliches Gefühl, ohne dass ich hätte sagen können warum. Der Name, mit dem er sein Volk bezeichnet hatte, die *Sídhe*, kam mir bekannt vor, aber ich konnte mich nicht erinnern, wo ich ihn schon einmal gehört hatte. Die ganze Traumepisode schien verrückt zu sein. Das empfinde ich auch heute noch so, wenn ich lese, was ich hier aufgeschrieben habe. Doch mein Traum in dieser Nacht, nach dem ersten Besuch in Gortnasheen, war der Auftakt zu allem, was dann folgte.

Das arg ramponierte alte Notizbuch liegt jetzt vor mir. Darin beschreibe ich, mit zittriger Handschrift, den Traum. Ich hinterfrage ihn noch immer, so oft wie all das, was darauf folgte. Aber der Drang, es aufzuschreiben, ist stärker, und die Botschaft erscheint mir heute genauso dringlich wie damals, als ich sie zum ersten Mal hörte. Ich legte mich wieder hin und fiel in einen tiefen, traumlosen Schlaf.

Am Morgen las ich mir meine Notizen über den Traum noch einmal durch und versuchte, das Ganze als unwichtig abzutun. Aber in Wahrheit schien alles in Zusammenhang zu stehen: das Gefühl, das mich sofort überkommen hatte, als Keith Harris mich wegen der Sache angerufen hatte, der Besuch im Grabhügel von Gortnasheen, und dann der Traum. Je mehr ich über die ganze Angelegenheit nachdachte, desto sicherer war ich mir, dass mehr dahintersteckte, etwas, dem ich unbedingt auf den Grund gehen musste.

Ich wusch mich, zog mich an und ging zum Frühstück nach unten. Keith saß bereits vor einem Teller mit Speck, Eiern und Tomaten. Ich bestellte das Gleiche, und nach ein paar Höflichkeiten und nachdem das Thema Wetter ausgeschöpft war, saßen wir eine Weile schweigend da.

Schließlich hielt Keith es nicht länger aus. »Und?«, fragte er. »Was denkst du?«

»Es ist auf jeden Fall eine sehr interessante Fundstätte«, sagte ich vorsichtig.

»Und …?«

»Na ja, ich werde noch etwas lesen und recherchieren müssen, ehe ich darüber einen fundierten Artikel schreiben kann.«

»Aber du wirst etwas schreiben?« Er wirkte seltsam enttäuscht, als hätte er etwas anderes erwartet.

»Ich denke schon. Sag mal …«, fügte ich nur hinzu, um das Gespräch in Gang zu halten, »… weißt du eigentlich, was der Name bedeutet?«

»Gortnasheen? *Ort der Feen.*«

»Feen?«

»Ja. Weißt du, nicht diese kitschigen kleinen, geflügelten Wesen aus den Kinderbüchern – nein, das echte Feenvolk, die Nachfahren der keltischen Götter. Die Sídhe.«

Das Wort traf mich bis ins Mark und löste bei mir eine Flut von Bildern und Gedanken aus. Wie hatte ich das vergessen können? Ich hatte genug Bände mit keltischen Sagen und Legenden gelesen, um zu wissen, dass Irland voller Geschichten über die Feenrasse war, und diese Wesen hatten nichts gemeinsam mit den üblichen Bildern, die uns in den Sinn kommen, wenn wir das Wort Feen hören. Die irischen Feen waren groß, strahlend und mächtig – Göttern nicht unähnlich –, und ihr alter gälischer Name lautete Sídhe. Welten trennten sie von den schelmischen Reigentänzern, die im viktorianischen Zeitalter so populär gewesen waren. Sie waren keine Tinkerbells, sondern besaßen mächtige Zauberkräfte, und ihr Äußeres war unvergleichlich edel und schön. Ich erinnerte mich, dass von ihnen erzählt wurde, sie trügen Schuhe aus Bronze und ihre Schatzkammern seien reich gefüllt mit Gold und Juwelen. Manchmal stolperten umherziehende Leute zufällig in eines der Häuser dieses Volkes. Ihre Behausungen sahen äußerlich wie Erdhügel aus, aber im Inneren waren sie riesig und voller Wunder. Für die menschlichen Besucher verging die Zeit bei den Feen anders. Oft waren, wenn sie in ihre Welt zurückkehrten, Jahre oder gar Jahrhunderte vergangen, während sie selbst den Eindruck hatten, nur wenige Tage oder Wochen bei den Sídhe zu Gast gewesen zu sein.

Plötzlich ergab mein Traum einen Sinn – oder machte zumindest auf verrückte Art Sinn.

Offenbar hatte mir der Mund eine Weile offen gestanden, oder vielleicht beunruhigte Keith mein Schweigen, denn er unterbrach meinen Gedankenfluss, indem er fragte, ob alles in Ordnung sei.

»Oh, ja«, sagte ich ein wenig zögerlich, »ich habe nur nachgedacht.« Ich zwang mich zur Konzentration. »Ich würde mir das Monument gerne noch einmal anschauen. Vielleicht etwas Zeit allein dort verbringen. Ist das okay?«

»Natürlich«, entgegnete Keith. Er schien erleichtert zu sein. »Ich muss heute Morgen nach Dublin. Ich kann dich in Gortnasheen absetzen und später wieder abholen. Dann kannst du dort ein paar Stunden ungestört verbringen.«

Ich war einverstanden und holte mein Notizbuch. Schweigend fuhren wir zu dem geheimnisvollen künstlichen Hügel, und Keith winkte fröhlich zum Abschied, ehe er den Wagen wendete und in einer Wolke aus Auspuffqualm davonfuhr.

Ich schaute ihm nach und wandte mich dann dem Hügel zu.

~ o ~

Was, um alles in der Welt, wollte ich hier? Dann erinnerte ich mich an den Traum, und an die sonderbare Aufforderung meines nächtlichen Besuchers, hierher zurückzukehren. Also gut, hier war ich, hatte aber keine Ahnung, was als Nächstes geschehen würde. Ich wusste nur, dass ich, um es herauszufinden, in die Kammer gehen musste.

Ich kroch durch den engen Eingang und fand an der schon bekannten Stelle die Taschenlampe. Außerdem lagen dort zwei Kerzen und eine Schachtel Streichhölzer, die ich ebenfalls mitnahm. Rückblickend erkenne ich, dass ein Teil von mir die Szene aus meinem Traum nachbilden wollte, einschließlich des flackernden Kerzenlichts.

In der Kammer zündete ich die Kerzen an und stellte sie zu beiden Seiten der (wie ich sie inzwischen gedanklich bezeichnete) Großen Glyphe auf den

Boden. Dann schaltete ich die Taschenlampe aus und setzte mich vor das Spiralsymbol. Dabei kam ich mir ein wenig lächerlich vor.

Ich bin mir bis heute nicht sicher, was dann geschah, auch wenn es im Rückblick ziemlich offensichtlich erscheint. Vielleicht schlief ich ein. Vielleicht träumte ich. Aber was sich auch abgespielt haben mag (und letztlich ist das sowieso unwichtig) … ich sah eine schemenhafte Gestalt, die allmählich klarer hervortrat, bis ich wieder in die Augen des Mannes aus meinem Traum schaute.

Nun wirkte er irgendwie solider und realer, als sorgte meine Vertrautheit mit seinem Anblick für eine klarere Sicht. Ich erkannte, dass sein Haar silbern schimmerte – obwohl sein Gesicht völlig faltenlos war. Doch ist es ohnehin nicht sinnvoll, das Alter eines solchen Wesens in Jahren zu messen. Er war alt und jung zugleich, alterslos und zeitlos, so wie es derartige Boten wohl sein müssen.

Weder zu diesem Zeitpunkt noch später verspürte ich in seiner Gegenwart Angst. Das mag sonderbar erscheinen, da die meisten von uns (mich eingeschlossen) nicht daran gewöhnt sind, mit Wesen aus einer anderen Welt zu sprechen. Aber von Anfang an erschienen mir die Anwesenheit meines Besuchers und die Gespräche, die ich mit ihm führte, vollkommen natürlich. Nie fühlte ich mich auf irgendeine Weise in Gefahr. Ganz im Gegenteil ging von ihm ein starkes Gefühl der Freundschaft und Verbundenheit aus. Das ist meine Antwort an alle, die fragen: *Woher wusstest du, dass du diesem Wesen trauen konntest?* Ich wusste es einfach, gleich von Anfang an. Und dieses Gefühl blieb während all unserer Begegnungen bestehen.

»Ich freue mich, dass du gekommen bist«, sagte er. Seine Stimme war leise, hallte aber etwas, als gäbe es dort, von wo er zu mir sprach, eine Art Echo.

»Ich muss einfach mehr erfahren«, entgegnete ich. Das schien mir der beste Einstieg in ein Gespräch zu sein.

Ein Lächeln erschien auf seinem ernsten Gesicht. *»Das war unsere Hoffnung«*, sagte er.

»Wer seid ihr?«, fragte ich.

»Ich bin einer der Sídhe. Das sind jene, die ihr das Feenvolk nennt.«

»Bist du real?«

»Das hängt davon ab, was du mit real meinst.«

»Darf ich dich berühren?«

»Wenn es dir dann leichter fällt, mir zu glauben.«

Ich streckte meine zugegebenermaßen etwas zittrigen Finger aus und berührte seine schlanke Hand dort, wo sie auf seiner Taille ruhte. Was spürte ich? Mir fällt heute noch schwer, es zu beschreiben. Es war, als hätte ich etwas berührt, das zugleich vorhanden und nicht vorhanden war, fest und nicht fest. Sein »Fleisch« – wenn es Fleisch war – fühlte sich kühl an, und irgendwie unwirklich.

Und doch war es ohne Zweifel real, jedenfalls für meine Ansprüche. Ich begriff, was er mit der Formulierung meinte: »Was du mit real meinst.« Es war eine völlig neue Erfahrung für mich, für die ich noch keine Maßstäbe hatte.

Ich zog meine Hand zurück, äußerst bemüht, es nicht zu hastig zu tun. Ich rang mit meinen Gedanken und Eindrücken. Ich dachte: *Wenn du zweifelst, stelle Fragen.*

»Warum hast du beschlossen, mit mir zu sprechen?«

»Weil die Zeit dafür reif ist. Weil du mir zuhören wirst. Weil wir eurem Volk viel zu erzählen haben, solange ihr uns noch hören könnt.«

»Dazu sind heute nur noch wenige von uns in der Lage«, sagte ich.

»Das ist wahr, und um so dringlicher ist unsere Botschaft an euch.«

»Wie soll ich dich nennen?«, fragte ich.

»Namen sind zu mächtig, um sie leichthin mitzuteilen. Ich würde dich auch nicht mit deinem Namen anreden, und doch unterhalten wir uns. Ist es nicht so?«

Ich nickte.

»Gut. Sagen wir einfach, dass ich einer vom Volk der Sídhe bin und du ein Mensch. Das genügt für den Zweck unseres Gesprächs, nicht wahr?«

»Selbstverständlich«, sagte ich. »Aber – wie stellst du dir dieses Gespräch vor?«

»Ich schlage vor, dass ich spreche und du zuhörst«, sagte mein Besucher mit der leichten Andeutung eines Lächelns.

»Darf ich mir Notizen machen?«

»Wenn du es wünschst.«

Und so begann das erste unserer vielen Gespräche – oder, besser gesagt, Monologe, da ich kaum redete, außer wenn ich hin und wieder eine Verständnisfrage stellte. Ich machte mir auch nur selten Notizen, da ich meistens wie gebannt an den Lippen meines Gesprächspartners hing. Ich vergaß es einfach, weil ich so sehr von der Botschaft aus der Welt der Feen fasziniert war.

Doch ich vergaß nur selten, was er sagte, ja, es fiel mir leicht, mich an alle seine Worte mit einer Klarheit zu erinnern, die neu für mich war. Auch erschien es unangemessen, seine Mitteilungen elektronisch aufzuzeichnen. Zwar versuchte ich es einmal, aber es gelang nicht. Obwohl ich seine Worte in ein Mikrofon flüsterte, fast wie ein Simultandolmetscher, war auf dem Tonband hinterher nichts zu hören. Das Gerät hatte nicht aufgezeichnet.

Am Ende unseres ersten Treffens in der Kammer unter dem Hügel fragte ich ihn, ob es weitere Gespräche geben würde, und wenn ja, wie und wo. Ich konnte nicht immer wieder nach Gortnasheen kommen, zumal dessen Zukunft, wie bei allen diesen Ausgrabungsstätten, ungewiss war. Mein Besucher antwortete, ich möge die Glyphe durchpausen und eine sorgfältige Kopie anfertigen. Es genüge dann, diese bei mir zu Hause an die Wand zu hängen, mich davor hinzusetzen und zu meditieren. Das würde es ihm ermöglichen, mit mir in Kontakt zu treten.

Als die Zeit kam, dieses Buch zu schreiben, und sich die Möglichkeit abzeichnete, es herauszubringen, war ich eine Weile unsicher, was die Veröffentlichung der Glyphe anging. Doch mein Gesprächspartner versicherte mir, dass es gut ist, wenn die Glyphe möglichst vielen Leuten zugänglich gemacht wird. Umso mehr Menschen würden dadurch in die Lage versetzt, die Macht der Sídhe persönlich zu erleben.

Zu diesem Zweck habe ich am Ende des Buches eine kurze Anleitung hinzugefügt, um denen zu helfen, die den Wunsch verspüren, selbst in diesen sonderbaren und wundervollen Dialog mit den Sídhe einzusteigen.

~ o ~

In den folgenden Wochen stand ich fast täglich in Kontakt mit dem Botschafter der Sídhe. Die folgenden Kapitel sind eine Niederschrift, die größtenteils auf meinen am Ende jedes Gesprächs sehr schnell angefertigten Notizen beruht, beginnend mit unserem ersten Treffen in Gortnasheen. Ich bin überzeugt, dass sie weitgehend unverfälscht sind, auch wenn ich manchmal vermutlich andere Worte benutzte als mein Besucher. Jedenfalls bin ich mir sicher, dass die Essenz dieser Niederschrift so genau wie möglich wiedergibt, was er sagte oder meinte. Gelegentlich gibt es Wiederholungen, wie es in jedem Gespräch vorkommt, wenn man von einem Thema vorübergehend abweicht und dann wieder zu ihm zurückkehrt. Ich habe der Versuchung widerstanden, sie herauszukürzen, sondern zog es vor, seine Sätze in ihrem natürlichen Fluss wiederzugeben, so wie ich sie hörte.

Das Resultat erscheint mir auch heute noch sehr erstaunlich. Ich hoffe, dass andere Menschen es ebenso erhellend und inspirierend finden wie ich, auch wenn ihnen vielleicht nie die Gnade zuteil wird, die weisen Worte der Sídhe direkt aus dem Mund eines Angehörigen ihres Volkes zu hören.

Kapitel 3

Anfänge

»Ihr solltet anstreben, wieder mit allem Verbindung aufzunehmen.«

Am Anfang dieses ersten Gesprächs im Steinmonument von Gortnasheen stellte ich meinem Sídhe-Besucher mehr Fragen als bei allen folgenden. Wie war es möglich, dass ich meinen Gesprächspartner verstehen konnte, da er doch sicherlich eine heute nicht mehr sehr geläufige Sprache benutzte, die ich bestimmt nicht beherrschte? Konnten andere ihn sehen? Woher kam er? Mir kamen noch weitere ähnliche Fragen in den Sinn.

Manche dieser Fragen schob er höflich mit einem Achselzucken oder nur wenigen Worten beiseite, bis ich verstanden hatte, dass ich am besten einfach nur zuhörte, statt ihm Fragen zu stellen. Er sagte mir aber, dass andere Menschen ihn im Allgemeinen nicht sehen können – es sei denn, er entscheidet selbst, sich ihnen zu zeigen, was aber nur selten vorkomme. Ich konnte seine Sprache vermutlich verstehen, weil er das wollte: Welche Sprache er auch gesprochen haben mag, ich hörte sie als Alltagsenglisch. Was die Frage nach dem Ort anging, von dem aus er Kontakt zu mir aufnahm, signalisierte er mir, dass ich dazu später mehr erfahren würde. Zunächst wollte er mir von seinem Volk, den Sídhe, erzählen, und warum sie diesen Zeitpunkt gewählt hatten, um durch mich zu den Menschen zu sprechen.

Lassen Sie mich also beginnen, wie mein Besucher begann, am 11. Juli 1998, gegen 11 Uhr morgens im Grabhügel von Gortnasheen.

Wir sind ein sehr altes Volk. Lange bevor euer Volk auf der Erde erschien, waren wir schon da. Wir erinnern uns an alles und haben alles miterlebt, was sich in diesem Land seit vielen Jahrtausenden ereignet hat. Wir selbst messen die Zeit nicht so wie ihr. Für uns vergeht sie viel langsamer. Über unsere Herkunft sprechen wir mit niemandem, der nicht unserem Volk angehört; es ist aber gewiss, dass wir aus der Erde hervorkamen, wie es auch auf euch zutrifft, jedoch geschah es bei uns zu einem viel früheren Zeitpunkt der Weltgeschichte.

Lange Zeit waren wir allein, abgesehen von den anderen Geschöpfen, die ehedem die Welt gemeinsam mit uns bewohnten. Damals lebten wir auf der Oberfläche der Erde. Wir sangen und erzählten Geschichten von den ersten Tagen. Wir gingen nur selten Partnerschaften ein und bekamen noch seltener Kinder, denn wir waren und sind ein langlebiges Volk, und unsere Zahl ist für viele Jahrhunderte eurer Zeitrechnung konstant geblieben.

Eines Tages wurden wir auf Neuankömmlinge aufmerksam, ein seltsames Volk, das hauptsächlich in Höhlen lebte oder in selbst gegrabenen Erdlöchern.

Sie waren groß, körperlich und geistig schwerfällig, und wie wir schnell herausfanden, konnten sie wild und grausam sein. Sie jagten die großen Geschöpfe, mit denen sie gemeinsam das Land bewohnten, und bei einer Gelegenheit machten sie auch Jagd auf uns – wodurch zum ersten Mal seit vielen Zeitaltern einer der Unseren sein Leben verlor.

Unsere Anführer hatten vor, die Neuankömmlinge zu vertreiben oder sie sogar zu töten (ja, damals wie heute verstanden wir es, das Verhalten deines Volkes nachzuahmen, bis hin zum Töten). Doch andere sprachen davon, dass wir von den Orten, wo die Neuankömmlinge sich niederließen, wegziehen sollten in Gebiete, die für sie nur schwer zugänglich waren. Und sie schlugen vor, zusätzlich Barrieren zu errichten, um uns zu schützen. Diese Politik fand die meiste Zustimmung, und so begann für uns ein ständiges Versteckspiel, das uns zur zweiten Natur wurde. Seither haben nur wenige eures Volkes uns zu Gesicht bekommen, obwohl wir auch weiterhin Seite an Seite mit der Menschheit lebten. Wir haben eure Entwicklung beobachtet und gesehen, dass ihr euch seit eurem ersten Auftauchen damals nur wenig verändert habt. Noch immer tötet ihr gern und vertreibt euch gegenseitig von Orten, von denen ihr glaubt, dass sie euch gehören. Ihr habt viele Orte zerstört und viele Spezies ausgerottet oder an den Rand des Aussterbens gebracht. Also haben wir uns noch tiefer und weiter weg von euch verborgen.

Anfangs lebten wir weit draußen in der Wildnis, fern vom Territorium der Neuankömmlinge. Doch nach und nach dehnten sie ihre Jagdgebiete immer mehr aus, wodurch wir gezwungen waren, uns noch tiefer ins Land zurückzuziehen. Schließlich gingen wir unter die Erde. Wir bauten dort Höhlen, die von seltsamen Sonnen und Monden beleuchtet wurden. Für euch wurden wir das Volk der Hohlen Hügel, die Bewohner der Unterwelt, das Feenvolk, die Kleinen Dunklen. Solche Namen habt ihr uns gegeben. Aber wir waren immer die Sídhe.

Ihr bekamt uns so selten zu Gesicht, dass wir Teil eurer Märchen und Legenden wurden. Dinge, die ihr nicht begreifen oder klar erkennen konntet, habt ihr in die dunklen Winkel eures Geistes verbannt. Dadurch habt ihr aus uns furchteinflößende Geschöpfe gemacht und uns benutzt, um ungezogenen Kindern Angst einzujagen. Doch während all der Zeit wurdet ihr von uns beobachtet. Wir veränderten uns nur wenig, und immer warteten wir auf Anzeichen, dass ihr euch auch verändertet, dass ihr bereit dafür wurdet, uns wirklich zu sehen und das Gespräch mit uns zu suchen.

Es gab tatsächlich einige Menschen, vor allem in jüngster Zeit, so wie ihr diese messt, die uns mit Respekt begegneten und sich ernsthaft für unsere wahre Natur interessierten. Manche haben die Wahrheit über uns offen ausgesprochen und wurden daraufhin als Verrückte hingestellt. Das, was sie über uns berichteten, galt unter denen von euch, die sich selbst für vernünftig und klug hielten, als zu fantastisch, um real sein zu können. Jene, die von unserer Existenz erzählten, wurden ausgelacht, so dass sie sich wie Narren fühlten und es vorzogen, zu schweigen. Du musst wissen, dass dir das auch widerfahren wird. Doch manche werden dir zuhören, manche werden hören wollen, was wir zu sagen haben.

Deshalb habe ich beschlossen, mit dir zu sprechen. Ich bin überzeugt, dass du mir zuhören wirst und dass andere von euch Menschen dir zuhören werden. Schreibe alles auf, was ich dir sage, und veröffentliche es, so dass andere es lesen können.

Vielleicht reicht die Zeit noch, um den Lauf eurer Geschichte zu verändern, so dass ihr der Katastrophe entgehen könnt, die sonst unvermeidlich über euch hereinbrechen wird.

An dieser Stelle versuchte ich, von meinem Gesprächspartner zu erfahren, was für eine Katastrophe uns seiner Meinung nach drohte, doch er wollte sich zu diesem Zeitpunkt nicht weiter dazu äußern. Ich muss zugeben, dass ich in der einschlägigen

Literatur schon oft solche Prophezeiungen von Wesen außerhalb der normalen Lebenssphäre gelesen hatte. Deshalb war ich diesbezüglich skeptisch, aber er ließ meine Zweifel nicht gelten.

Ich sage diese Dinge nicht, um Furcht in dir zu wecken und dich dadurch williger zu machen, meinen Worten zu glauben. Die Welt wird auf jeden Fall fortbestehen. Die Frage ist nur, ob ihr überleben werdet. Es gibt unter uns jene, die es begrüßen würden, wenn ihr untergeht. Andere hingegen, dazu zähle ich, sind nicht dieser Meinung.

Wir glauben, dass eine neue Ära bevorsteht, in der das Volk der Sídhe wieder offen in Erscheinung tritt und für alle sichtbar sein wird. Wenn das geschieht, müsst ihr vorbereitet sein. Deshalb spreche ich zu euch über unsere Geschichte und die Botschaft, die wir an euch alle richten.

Für heute werde ich nicht mehr sagen, aber es wird in Zukunft weitere Begegnungen geben, bei denen du mehr erfahren wirst.

Damit verstummte mein Gegenüber. Ich fragte ihn, auf welche Weise wir unsere Gespräche fortsetzen würden. Als er mir das erklärt hatte, verschwand er wie ein Nebelhauch, der in die Wand der Kammer entwich. Danach saß ich eine ganze Weile dort und fragte mich, ob ich verrückt geworden war und ob wahr sein konnte, was ich gerade gehört hatte. In den folgenden Tagen fragte ich mich das noch oft. Ich hegte stets ein gesundes Misstrauen gegenüber sogenannter »gechannelter« Literatur, und nun war ich selbst zum Empfänger derartigen Materials geworden, das klar dazu bestimmt war, veröffentlicht und von anderen gelesen zu werden.

Seit Beginn des einundzwanzigsten Jahrhunderts beobachte ich, dass mediale Durchgaben immer häufiger in Buchform erschienen. Vieles davon klang sehr ähnlich. Düstere Untergangsszenarien für die Menschheit werden verkündet, die für mich mit meiner von Natur aus optimistischen Weltsicht schwer zu akzeptieren sind. Tatsächlich sprach ich den Botschafter der Sídhe mehrfach auf den negativen Unterton an, der immer wieder in seinen Worten mitschwang. Dennoch ließ ich mich weiterhin auf die durchaus freundschaftlichen Begegnungen mit dem Sídhe ein, lauschte ihm aufmerksam und schrieb alles auf, was er zu sagen hatte.

Warum ich das tat? Letztlich geschah es, wie ich glaube, weil das, was er mir durchgab, von einer Qualität war, die alles übertraf, was ich auf diesem Gebiet bis dahin gelesen hatte. Wenn ich, wie einige zweifellos denken werden, lediglich mit einer meiner eigenen Subpersönlichkeiten kommunizierte, also einem Bestandteil meiner Psyche, dann kann ich nur sagen, dass ich mir wünsche, ständig Zugang zu diesem Teil meiner selbst zu haben! Er erscheint mir nämlich so viel weiser und wissender als mein gewöhnliches Selbst.

Mit der Zeit wurde ich mit diesem Wesen so vertraut wie mit einem guten Bekannten aus Fleisch und Blut, wobei ich mir aber immer bewusst blieb, dass es aus einer anderen Sphäre der Wirklichkeit kam. Außerdem las ich alle verfügbare Literatur über die Feen und ihre Geschichte. Dabei stieß ich auf Details, die bestätigten, was mein Gesprächspartner mir erzählt hatte. Schließlich gelangte ich dahin, nicht länger an der Wahrheit seiner Worte zu zweifeln. Ich ließ mich einfach auf das Gesagte ein, und das empfehle ich auch den Leserinnen und Lesern.

Wie wichtig es ist, an die reale Existenz der Quelle dieser Worte zu glauben, vermag ich nicht zu sagen. Das, worauf es ankommt, sind die Worte selbst, die hier zum Ausdruck gebrachten Ideen. Ich bin inzwischen überzeugt, dass unsere zukünftige Entwicklung, vermutlich sogar unser Überleben als Spezies davon abhängt. Ich weiß, dass die Botschaft der Sídhe manchen Menschen anmaßend oder sogar völlig verrückt erscheinen wird. Alles, was ich tun kann, ist, sie allen zugänglich zu machen, die sie gerne lesen möchten. Ob Sie das Gelesene glauben oder nicht, müssen Sie selbst entscheiden, mit Ihrem Herzen und Verstand.

~ o ~

Später an jenem Tag meines ersten Gesprächs mit dem Sídhe wurde ich von Keith abgeholt, der aus Dublin zurückgekehrt war. Ich erwähnte mein Erlebnis mit keinem Wort, und es schien, dass seine Rolle lediglich darin bestanden hatte, mich zu dieser Ausgrabungsstätte zu bringen, und seine Aufgabe damit nun abgeschlossen war. Er machte keine Andeutungen mehr, dass von Gortnasheen »etwas Besonderes« ausging. Und dieses leichte Unbehagen, das ich bei ihm zuvor bemerkt hatte, war völlig verschwunden. Ich gelangte zu der Überzeugung, dass die Sídhe ihn irgendwie beeinflusst hatten, was bewirkte, dass er mich nach Gortnasheen einlud und nicht jene erlauchteren, angeseheneren Journalisten, die gewiss bald über die Entdeckung berichten würden. Vielleicht hatte er aber auch, halb unbewusst, eine Bestätigung für die etwas sonderbaren Gefühle gesucht, die dieser geheimnisvolle Ort in ihm auslöste.

Am Abend flog ich schon nach Hause. In London setzte ich mich gleich hin und schrieb einen vollkommen sachlichen, wissenschaftlichen Artikel über den Grabhügel mit seinen bemerkenswerten Ritzbildern. Meine Erlebnisse in Gortnasheen wären mir vielleicht wie ein Traum erschienen, hätte nicht das vergrößerte Bild der Glyphe in meinem Arbeitszimmer gehangen, wo jeden Tag mein Blick darauf fiel. Und dann waren da natürlich die Gespräche mit dem Vertreter der Sídhe, die auch nach meiner Rückkehr weitergingen.

~ o ~

Während der nächsten, wenigen Wochen (wenn man die Menge des durchgegebenen Materials bedenkt, ein verblüffend kurzer Zeitraum) zog ich, wenn es meine sonstigen Verpflichtungen erlaubten, die Vorhänge zu, zündete links und rechts des Bildes eine Kerze an und setzte mich vor die Glyphe. Dort erschien dann mein Gesprächspartner, zunächst schemenhaft, doch mit rasch wachsender Kraft und Deutlichkeit, bis ich ihn wie leibhaftig vor mir stehen sah. Dann sprachen wir miteinander, und anschließend schrieb ich einen Bericht über unser Gespräch. Diese Gespräche bilden den Inhalt der folgenden Kapitel.

Meine Kommentare habe ich auf ein Minimum beschränkt. Dass diese Erfahrung mich veränderte, steht außer Frage. Hin und wieder habe ich kurze Schilderungen eingefügt, was in der Zeit, während ich die Botschaften der Sídhe empfing, in meinem Leben geschah. Das dient nicht der Selbstdarstellung, sondern ich möchte eine Art Maßstab anbieten, der den Leserinnen und Lesern hilft, sich eine eigene Meinung über das Material zu bilden.

Mein zweites Gespräch mit dem Feenwesen fand bei mir zu Hause in Oxford statt. Ich hatte mich schon gefragt, ob ich hier überhaupt in der Lage sein würde, etwas zu empfangen, da wir uns ja nicht mehr in der heiligen Kammer befanden, sondern weit entfernt von irischem Boden. Doch ich hätte mir deswegen keine Sorgen machen müssen. Offenbar genügte das Bild der Glyphe, um die nötige Verbindung herzustellen.

Mein Besucher erschien schon wenige Minuten, nachdem ich begonnen hatte, mich auf das Spiralmuster zu konzentrieren.

Ich begann mit einer Frage. »Du sagtest, dass ihr uns schon seit sehr langer Zeit beobachtet. Kannst du das genauer erklären?«

Gewiss. Dass wir beschlossen haben, jetzt das Gespräch mit euch zu suchen, liegt auch zum Teil daran, was wir beobachtet haben. Ihr steht kurz davor, in eine neue Ära einzutreten. Ihr überschreitet eine Zeitgrenze, die ihr die Jahrtausendwende nennt. Ihr betrachtet diesen künstlichen Augenblick als Symbol der Hoffnung – als könnte das bloße Zählen von Zeiteinheiten einen Wandel bewirken. In Wahrheit steht ihr tatsächlich vor einem Neuanfang, einem neuen Zeitalter, in dem ihr euch in einer Weise entwickeln und verändern werdet, die ihr noch gar nicht begreifen könnt. Aber von diesen Dingen will ich nicht sprechen, sondern von den Vorbereitungen, die ihr treffen solltet, ehe die Veränderungen eintreten.

Ich spreche von einer neuen Integration jener Dinge, die ihr vor langer Zeit in kleine Teile zerbrochen habt. So, wie ihr euch von eurer Umwelt isoliert habt, ist euch auch der Kontakt zu eurem eigenen inneren Selbst abhanden gekommen. Es besteht in euch eine Trennung zwischen Geist, Herz und Verstand, ja ihr nehmt bestimmte Teile eures Wesens gar nicht mehr bewusst zur Kenntnis. Ihr müsst alle diese Teile wieder vereinen. Nur so könnt ihr euch angemessen auf die kommenden Veränderungen vorbereiten. Wenn ihr euch weiterhin so benehmt, als führtet ihr Krieg gegen Teile eures eigenen inneren Wesens, könnt ihr nicht heil und ganz werden. Doch nach Ganzheit müsst ihr streben, sonst werdet ihr euch immer weiter fragmentieren, bis von eurem wahren Selbst nichts als Krümel übrig sind.

Das war nicht immer so. Ganz zu Anfang waren die Neuankömmlinge zwar schwerfällig und brutal, doch sie wussten, dass sie mit allem verbunden waren, dass alles miteinander zusammenhing und jede ihrer Handlungen an einem beliebigen Ort sich auf alle anderen Orte auswirkte. So blieb die Harmonie der Schöpfung stabil. Alle Lebewesen waren Teil dieses Gleichgewichts und spielten ihre Rolle bei dessen Aufrechterhaltung.

Doch schon bald, auch wenn es sich nach euren Begriffen um einen sehr langen Zeitraum handelte, veränderte sich die Lage. Ihr verändertet euch. Ihr vergaßt, dass ihr Teil des Ganzen wart. Stattdessen fingt ihr an, euch als die dominante Spezies zu betrachten. Von dort war es nur noch ein kleiner Schritt, bis ihr glaubtet, ihr wäret die Herren der Erde und könntet mit den anderen Geschöpfen tun, was euch beliebt. Das traf besonders die Tiere, die nun in immer größerer Zahl von euch getötet wurden. Anfangs, als Neuankömmlinge, hattet ihr nur so viel genommen, wie ihr wirklich brauchtet – für Kleidung, Nahrung und Obdach.

Im neu gewonnenen Gefühl eurer Macht nahmt ihr euch immer mehr, einfach weil ihr es konntet. Ihr fingt damit an, gewaltige Mengen an Besitz zu horten, wodurch ihr euch dann reich fühltet. Ihr begannt, auch die Erde selbst zu plündern. Ihr stahlt die funkelnden, verborgenen Kostbarkeiten, die ihr Juwelen nennt, oder das reiche goldene Blut, das ihr Gold nennt – immer in dem Glauben, dass der Besitz dieser Dinge euch noch mächtiger machen würde.

Allerdings war diese Macht kurzlebig und ist es bis zum heutigen Tag. Dennoch fahrt ihr ohne Unterlass damit fort, die Erde zu plündern, bis sie fast all ihrer Schätze beraubt ist. Sogar das Lebensblut der Welt – das, was ihr Uran nennt – wurde gewonnen und seine wahre Funktion völlig umgekehrt, indem ihr daraus Waffen herstellt.

All das erzählte er leidenschaftslos, auch wenn man es als Anklage gegen die Menschheit sehen kann. Ich fragte ihn nach der wahren Bedeutung von Uran. Darauf antwortete er:

Der wahre Zweck dieses Erdenblutes besteht darin, die Temperatur und Energie der Erde konstant zu halten. Doch ihr habt so viel davon entnommen, dass Energie und Temperatur aus dem Gleichgewicht geraten sind. Dieses Problem wird euch in Zukunft noch sehr beschäftigen. Das hängt alles damit zusammen, dass eure Spezies nicht mehr in Harmonie mit dem Rest eurer Welt lebt. Indem ihr euch für die Krone der Schöpfung haltet, habt ihr euren wahren Status aus dem Blick verloren.

Der aber besteht darin, dass ihr ein gleichberechtigter Teil des Gewebes aller Wesen und Dinge seid. Ihr solltet euch besser als Verbündete der Schöpfung betrachten, nicht als ihre Herrscher. Indem ihr euch dafür entscheidet, harmonisch mit der natürlichen Welt zusammenzuarbeiten – wie es einst alle Lebewesen taten –, könnt ihr immer noch dieses Gleichgewicht wiederherstellen.

Wenn ihr durch euer Verhalten andere Wesen beeinträchtigt, löst das in euch eine Empfindung aus. Wenn ihr einem anderen Wesen das Leben nehmt, löst das in euch eine Empfindung aus. Von dort ist es kein großer Schritt, auch etwas zu empfinden, wenn ihr einen Stein oder Baum berührt. Auch die Energie eines Flusses oder des Meeres könnt ihr spüren.

Viele von euch fühlen solche Dinge, doch eure Rasse verschließt sich andauernd gegen diese Gefühle. So, wie ihr euren Pferden Scheuklappen aufsetzt, damit sie nur starr geradeaus schauen können, macht ihr es auch mit euch selbst. Ihr schränkt eure Sicht so weit ein, dass ihr nur noch das sehen könnt, was sich genau vor eurer Nase befindet. Ihr müsst lernen, eure Scheuklappen abzulegen, sonst könnt ihr die Welt nicht so sehen, wie sie wirklich ist. Ihr solltet anstreben, wieder mit allem Verbindung aufzunehmen und den Zustand der Trennung zu beenden, den ihr für euch erschaffen habt.

Zutiefst von dieser Idee fasziniert, fragte ich ihn, wie wir das erreichen können.

Diese Frage ist zu komplex für eine kurze Antwort. Es gibt vieles, was ihr tun könnt, um euch wieder mit der Schöpfung zu verbinden. Beginnt, indem ihr euch der Welt um euch herum bewusst werdet. Indem ihr wirklich hinschaut. Indem ihr jenseits der Oberfläche der Dinge ihre geistige Dimension seht.

Wenn ihr hinaus in die Natur geht, seht ihr zunächst nur die Oberfläche der Dinge. Bäume, Gras, Wasser, Blumen. Doch all das besitzt eine weit größere Realität. Einst wusstet ihr das. Wenn ihr es euch wirklich wünscht, könnt ihr dieses Wissen wiederentdecken. Schaut euch, wenn ihr das nächste Mal draußen in der Natur seid, intensiv um. Versucht, hinter der Oberfläche das wahre Wesen aller Lebewesen und Dinge zu erkennen, die ihr seht. Anfangs wird euch das wahrscheinlich nicht leicht fallen, doch mit der Zeit werdet ihr mehr und mehr sehen. Wenn ihr lange genug und tief genug hinschaut, werdet ihr sogar beginnen, mit dem Geist der Objekte und Wesen zu kommunizieren, die ihr beobachtet. Ihr hört dann auf, Beobachter zu sein, und werdet ein Teil dessen, was ihr betrachtet.

Das meinten die alten Barden dieses Landes, wenn sie davon sprachen, ›zu etwas zu werden‹. Das war mehr als ein poetisches Bild. Es war Realität. Ihr könnt ein Wesen oder Ding wirklich kennenlernen, indem ihr eins mit ihm werdet. Erst dieses Einswerden ermöglicht wahres Erkennen und Wissen.

Wenn ihr das praktiziert, werdet ihr die wahre Natur der Dinge verstehen und eure Beziehung zu ihnen. Wenn dann Pflanzen, Steine und Tiere für euch nicht länger seelenlose Objekte sind, werdet ihr hoffentlich aufhören, sie wie solche zu behandeln und benutzen, wie ihr es nun seit so langer Zeit tut. Nur das kann euch aus dem engen Gefängnis befreien, in das ihr euch selbst eingesperrt habt.

Gegenwärtig seid ihr ebenso sehr Gefangene, wie wenn ihr tatsächlich hinter Kerkermauern eingesperrt wäret. Zwar sind die Mauern eures Gefängnisses für eure Augen unsichtbar, aber sie sind doch deutlich zu erkennen. Ihr werdet euch aus diesen selbst erschaffenen Mauern nur befreien können, wenn ihr wieder lernt, die Tatsache anzuerkennen, dass ihr in Beziehung zu allem steht. Darauf werden dann weitere Erkenntnisse folgen. Denkt daran, dass ihr Teil des göttlichen Ganzen seid. Allein diese Erkenntnis versetzt euch in die Lage, Fortschritte zu machen und so zu werden, wie es eurer Bestimmung entspricht.

An diesem Punkt begann ich, müde zu werden. Obwohl ich mich im Laufe der folgenden Wochen an die seltsame Erfahrung gewöhnte, den Worten meines Besuchers zu lauschen, verschwand dieses Gefühl der Anstrengung niemals völlig. Seine Botschaften aufmerksam zu verfolgen und sie hinterher aufzuschreiben, kostete mehr Energie, als ich anfangs erwartet hatte.

Später las ich, dass viele Menschen, die diese Art der Kommunikation erleben, es als anstrengend empfinden, den Kommunikationskanal offen zu halten. Jedenfalls endete damit der erste Tag meines Gespräches mit dem Sídhe.

Am Ende fühlte ich mich verwirrt, ja war sogar voller Skepsis. Schließlich war ich mir die ganze Zeit über bewusst gewesen, dass ich in meinem Arbeitszimmer saß und auf eine Zeichnung starrte, die es mir irgendwie ermöglichte, ein Wesen zu sehen und zu hören, das einer anderen Spezies angehörte und ausschließlich für mich sichtbar war. Bei Licht besehen war das Ganze lächerlich, und in diesem Moment stand ich so kurz wie später nie mehr davor, die Sache komplett aufzugeben.

Im Rückblick bin ich froh, dass ich das nicht tat. Diese Erfahrung der Kommunikation mit einem Sídhe veränderte mich in vielerlei Hinsicht – und ich denke, zum Besseren. Ganz sicher öffnete es mir die Augen für Dinge, die ich sonst niemals in Betracht gezogen hätte.

Meine Hoffnung ist, dass es denjenigen, die diesen Bericht lesen, ebenso gehen wird.

Und zwar selbst dann, wenn Sie keine der hier präsentierten Lehren in die Praxis umsetzen.

Kapitel 4

Ein Wiedersehen

»Der Eine Geist erfüllt alles mit Leben.«

Am nächsten Morgen wachte ich früh auf und setzte mich vor das Bild der Großen Glyphe. Fast augenblicklich erschien mein Besucher und wirkte so körperlich und real wie die Passanten auf der Straße – auch wenn er einen ganz anderen Anblick als sie bot! Ich begann, indem ich fragte, was er damit meinte, dass wir »uns fragmentieren«. Er antwortete rasch und ausführlich.

Einst war jeder Teil eures Seins heil und ganz, jeder Teil stand in Beziehung zu jedem anderen, Kopf zu Herz, Herz zur Hand, Hand zum Bewusstsein und Bewusstsein zur Seele. Doch im Laufe der Zeit habt ihr diese Teile voneinander getrennt. Ihr habt aus diesen Aspekten eures Wesens viele kleine separate Pakete gemacht. Viele von euch erkennen nicht einmal mehr, dass der Eine Geist in allem wohnt, ja, sie leugnen sogar, dass sie selbst eine Seele haben. Trotz der Beweise, die euch jeden Tag gegeben werden, wendet ihr euch ab und behauptet, all das wäre trivial und von geringem Nutzen. Doch das Geschenk des Geistes ist groß und wunderbar, denn es verbindet euch nicht nur mit allem anderen, sondern auch mit euch selbst.

Wie viele eurer Spezies sind müde und apathisch? Wie viele haben das Gefühl, dass sie selbst wertlos sind und ihr Leben keinen Sinn hat? Wir beobachten, dass viele Tausende von euch täglich das Geschenk des Lebens vergeuden, indem sie immer mehr Besitz anhäufen, ohne wirklich zu verstehen, warum sie das eigentlich tun. Sie sind wie Maschinen geworden, die jeden Tag die gleichen Bewegungen ausführen, ohne Einsicht und Gefühl. Das liegt zum Teil daran, dass sie die Verbindung zum Geist und ihrer eigenen Seele verloren haben. Ihr habt für euch selbst einen Zustand der Unbewusstheit erschaffen.

Ich wies ihn darauf hin, dass das Geistige für viele Menschen einen religiösen Beigeschmack hat, den sie ablehnen.

Um die Existenz der geistigen Welt anzuerkennen müsst ihr keineswegs jene Art von Glauben akzeptieren, die du meinst. Für uns und die anderen Wesen, die schon viel länger auf Erden wandeln als der Mensch, steht hinter all euren religiösen Systemen ohnehin das Gleiche. Viele der von euch verehrten spirituellen Lehrer haben von diesen Dingen gesprochen, die, das könnt auch ihr entdecken, außerhalb spezifischer Doktrinen existieren.

Der Eine Geist erfüllt alles mit Leben. Wenn ihr eine Fliege, einen Fisch oder einen Vogel seht, seht ihr die Lebendigkeit dieser Wesen. Wenn ihr es vorzieht, Leben einfach als eine Serie von Reflexen zu deuten, werdet ihr natürlich nicht in der Lage sein, das Wirken des Geistes hinter den Erscheinungen zu erkennen. Doch ist es in Wahrheit gerade diese Präsenz des Geistes, die bewirkt, dass etwas lebt. Keinesfalls ist, wie ihr glaubt, die Fähigkeit, zu denken und schöpferisch zu sein, das wichtigste Merkmal bewussten Lebens.

Selbst das einfachste Geschöpf, das nicht sprechen, ja noch nicht einmal denken kann, leistet einen wichtigen Beitrag zum Ganzen, auch wenn seine einzige schöpferische Fähigkeit darin besteht, sich fortzupflanzen. Es ist lebendig. Es ist geistig beseelt. Darin unterscheidet es sich nicht von euch und nicht von Steinen, Bäumen oder Flüssen. Alles ist lebendig und vom Geist erfüllt. Leben ist Geist und Geist ist Leben. Das ist doch nicht schwer zu verstehen!

Das, was mein Besucher da gerade geäußert hatte, kannte ich zum großen Teil schon aus Büchern. Ich wusste, dass viele Menschen ein entscheidendes Problem mit solchen Botschaften hatten. Ich sagte: »Viele sind nicht in der Lage, das, was du den Einen Geist nennst, zu sehen oder wahrzunehmen.«

Nur, weil sie sich vor der Erkenntnis verschließen, was es eigentlich bedeutet, lebendig zu sein. Ihr beschäftigt euch viel zu sehr mit jenen Prozessen, die ihr für Leben haltet. Ihr lebt ein paar kurze Jahre, und dann verschwindet ihr. Wenn ihr darüber nachdenkt, was ihr vorher wart und hinterher sein werdet, kommt es letztlich nur darauf an, ob euer Los angenehm sein wird oder ob euch eine Bestrafung erwartet.

Selbst jene, die von Erleuchtung sprechen und versuchen, die Sorgen der Menschheit bezüglich des Wegs allen Fleisches zu transzendieren, sorgen sich noch immer. Ihre Sorge gilt Ideen der Vollkommenheit. Doch unserer Erfahrung nach gibt es so etwas wie Vollkommenheit nicht. Wir entwickeln uns unaufhörlich weiter. Selbst bei den Sídhe, die sich im Vergleich zur Menschheit sehr langsam entwickeln, gibt es Evolution. In den letzten tausend Jahren haben wir uns nur wenig verändert, aber davor gab es bei uns eine Reihe von Veränderungen, durch die wir uns inzwischen sehr von unserer früheren Form unterscheiden.

Als ich meinen Besucher bat, mir diese Veränderungen zu beschreiben, zuckte er die Achseln.

Ihr würdet das nicht verstehen. Diese Veränderungen, die ich meine, lassen sich in eurer Sprache nicht definieren. Es geht dabei nicht um Verbesserungen oder Entwicklungen, sondern es handelt sich um

Veränderungen in der Art und Weise, wie wir mit der Schöpfung in Beziehung treten.

Wir haben festgestellt, dass im Laufe der Zeit die Schleier zwischen den Welten dünner geworden sind, und gleichzeitig hat sich auch unsere Bewusstheit für Wahrnehmungen jenseits des Spektrums unserer normalen Sinne verändert. Wir glauben, dass dies bei euch auch geschehen wird, aber bis dahin wird es wohl noch einige eurer Jahrhunderte dauern. Wir werden das mit Interesse beobachten, so wie wir aufmerksam mitverfolgen werden, ob ihr überlebt.

»Was können wir tun, um diese Entwicklung bei uns zu fördern?«, fragte ich.

Da gibt es viele Möglichkeiten. Allein, indem ihr aufmerksam seid, werdet ihr mehr lernen als dadurch, dass ihr die Details der Dimension erforscht, in der ihr euch befindet. Ihr könnt auf diese Weise viel lernen, aber noch weit mehr erreicht ihr, indem ihr in die Stille geht und allem um euch herum bewusste Achtsamkeit widmet und die Beziehungen erkennt, die, wie ich schon sagte, alles mit allem verbinden.

Solange ihr damit fortfahrt, alles in kleine Einheiten zu unterteilen, werdet ihr immer weniger und weniger verstehen. Als Individuen solltet ihr euch meines Erachtens darin üben, die wahre Natur aller

Dinge zu beobachten. Tut dies, indem ihr euch ruhig hinsetzt und die vielen Gedanken verbannt, die euer Bewusstsein füllen und euch vom wirklichen Sehen und Fühlen ablenken. Auf diese Weise werdet ihr lernen, wieder Verbindung aufzunehmen. Wenn ihr wieder mit der Schöpfung verbunden seid, werdet ihr beginnen, die einzelnen Muster innerhalb des großen Ganzen wahrzunehmen.

»Und wird uns das helfen, unser inneres Einssein wiederherzustellen?«

Allerdings. Wenn ihr wieder einen Blick dafür entwickelt, dass und wie alles miteinander verbunden ist, werdet ihr euer Gefühl der Trennung hinter euch lassen und eure Verbundenheit, die ihr verloren habt, neu entdecken. Diese Einheit von Geist und Bewusstsein, Herz und Kopf, Seele und Körper wird euch den Weg hin zu einem tieferen Erkennen eures eigenen Potenzials weisen.

Als Erstes müsst ihr die Realität des Geistes anerkennen, denn sie ist der Ausgangspunkt von so vielem. Der Geist ist das Zentrum, um das herum sich alles andere entwickelt. Der Geist sendet Botschaften, die von allem, was existiert, gehört werden. Und so wird die Disharmonie, die derzeit die Seelen-Note eures Seins ist, sich in neue Harmonie verwandeln.

Ihr werdet euch wieder als Teil des großen Ganzen fühlen und viele Dinge wiederentdecken, die ihr für so lange Zeit verloren hattet.

Es ist sogar möglich, dass ihr uns dann klar und deutlich sehen könnt, ohne dafür Hilfsmittel wie die Glyphe zu benötigen. Aber ob das eintritt, wird sich zeigen, denn ihr hegt ein großes Misstrauen gegen jene, die anders sind als ihr.

Jetzt spüre ich, dass du müde wirst.

Lass uns dieses Gespräch zu einem anderen Zeitpunkt fortsetzen.

Mein Besucher verschwand auf der Stelle und ließ mich mit einem Gefühl steigender Erregung zurück. Wenn auch nur ein Viertel von dem, was er erzählte, zutraf, dann stand der Menschheit die aufregendste – und herausforderndste – Zeit bevor, die sie bislang erlebt hatte! Trotz meiner Müdigkeit konnte ich die nächste Sitzung kaum erwarten.

Doch es vergingen mehrere Tage, ehe ich wieder in mein Arbeitszimmer und zu der Großen Glyphe zurückkehrte. Ich musste beruflich verreisen, aber die ganze Zeit über dachte ich immer wieder über diese Erfahrung nach, die ich gerade erlebte, und darüber, was sie bedeutete.

Als ich endlich Zeit fand, mein Gespräch mit dem Sídhe fortzusetzen, fragte ich ihn erneut danach, was notwendig war, um dieses zersplitterte Dasein der Menschheit wieder zu vereinen. Mein Besucher sagte daraufhin Folgendes über die Ursachen unserer allgemeinen Unzufriedenheit:

Nie zuvor gab es für euch eine Zeit, in der ihr so viele Möglichkeiten hattet, euren Interessen und Neigungen zu folgen. Und doch erscheint euch euer Leben oft enttäuschend und stumpfsinnig. Ständig versucht ihr, eure Stimmung dadurch zu verbessern, dass ihr euch in neue Unternehmungen stürzt oder nach Zerstreuung sucht. Unterhaltung ist für euch zu einem Gott geworden, zum Wichtigsten in eurem Leben – und doch seid ihr im Herzen unzufrieden.

Diese Leere im Zentrum eures Seins ist etwas, das ihr nur überwinden könnt, indem ihr die Einheit des Geistes wiederherstellt, wodurch ihr wieder euren Platz nahe beim Herzen der Schöpfung einnehmt.

Gegenwärtig werden die Ruhelosigkeit und Unzufriedenheit, die ihr empfindet, von eurem Glauben genährt, euer Leben hätte keinen tieferen Sinn. Also beklagt ihr euer Los und bringt eure Unzufriedenheit dadurch zum Ausdruck, dass ihr nach immer komplexerer Abwechslung in eurem Leben strebt.

Oft drückt sich eure Unzufriedenheit mit dem Leben in Wut aus, und eure Wut nimmt Gestalt an, wenn ihr sie so oft zum Ausdruck bringt. Wir sehen, wie die Wut in eurer Welt überall herumläuft, weil sie durch ständige Erneuerung Gestalt und Form erhält. Würdet ihr lernen, den weniger negativen Aspekten eures Lebens genauso viel Aufmerksamkeit und Energie zu widmen, würde sich euer Lebensgefühl augenblicklich verbessern.

Die Fragmentierung des Geistes ist die Grundursache für die Gefühle, die ihr erlebt. Weil ihr den Kontakt zu den vielen Aspekten eures Selbst verloren habt, hat die Welt für euch die Frische eingebüßt, die sie einst hatte.

Die Verbindungen zwischen Herz und Bewusstsein, Körper und Geist sind bei vielen eurer Art zutiefst zerrüttet. Wenn ihr euch doch nur dafür öffnen würdet, diese Aspekte wieder miteinander zu vereinen! Dann könnte die Welt, in der ihr lebt, wieder in ihrer alten Schönheit erstrahlen.

Ich fragte, wie wir das bewerkstelligen können.

Viele Dinge, die ich bereits angesprochen habe, sind hier wichtig: die innere Stille und dass ihr allem, was euch umgibt, mehr Aufmerksamkeit widmet – und allem, was in euch selbst geschieht; entwickelt wieder ein Gefühl der Verbundenheit und Kommunikation mit der natürlichen Welt und entdeckt die uralte Harmonie eures Selbst neu.

Ihr seid an die Vorstellung gewöhnt, das Leben sei aus einem chaotischen Urzustand voller Disharmonie hervorgegangen. Aber unter euch gibt es bereits jene – Wissenschaftler und Denker –, die das grundlegende Einssein aller Dinge erkennen. Haben das erst einmal mehr Individuen eurer Art verstanden, wird bei euch eine Veränderung stattfinden, und ihr werdet wieder zur Verbundenheit finden: untereinander und mit dem Universum und den sichtbaren und den unsichtbaren Welten. Das wird zu größerer Harmonie und einem wahren Gefühl für das Leben führen. Die Müdigkeit und Dumpfheit, die ihr heute verspürt, werden verschwinden.

Wir Sídhe haben diese tiefe Harmonie allen Lebens nie aus dem Blick verloren. Alle Wesen sind durch die Gegenwart des Geistes in ihnen miteinander verbunden, die sich auf viele verschiedene Arten manifestiert. Ich spreche zu euch von diesen Dingen, damit ihr euch der wahren Einheit der Schöpfung wieder bewusst werdet – der Einheit zwischen euch selbst und der Welt um euch, zwischen dem, was eure Augen sehen, und dem, was euer Geist sieht.

Welches deutlichere Zeichen für das Ausmaß an Unglauben und Verachtung kann es geben als die Reaktion, die viele eurer größten Visionäre gegenwärtig erfahren. Selbst jetzt, wo die Welt um euch förmlich vor Energie strotzt und immer mehr eures

Volkes in der Lage sind, all das mit den Augen des Geistes zu sehen, gibt es für diese geistige Weisheit bei euch weiterhin so viel Spott und Häme.

Sei dir bewusst, dass auch dir eine solche Reaktion droht, wenn du dich dafür entscheidest, diese Worte hier mit anderen Menschen zu teilen.

Auch wenn nur wenige zuhören und verstehen, was wir sagen, hat dieses Gespräch zwischen uns sich bereits gelohnt. Ob das allerdings genügt, um die Veränderung herbeizuführen, die wir uns für euch so sehr wünschen, ist eine andere Frage. Aber wir sind diesbezüglich hoffungsvoll.

Während ich ihn das sagen hörte, wurde mir immer unbehaglicher zumute. Zwar wurde mir klar, dass er die Wahrheit sprach, ich empfand aber einen anderen Aspekt immer dringlicher. Als Vater war ich alarmiert über die Zukunft, die unserer Jugend meiner Meinung nach bevorstand – eine Zeit, für die ich kaum etwas anderes als immer größere Destruktivität erwartete. Ich fragte mich, wie die Sídhe das sahen und was wir unseren Kindern raten sollten.

Als ich ihm diese Frage gestellt hatte, schwieg mein Gesprächspartner einen Moment. Als er schließlich sprach, schien es mir, dass in seiner Stimme ein gewisses Unbehagen mitschwang – was sonst während unserer Gespräche nie vorkam.

Darauf zu antworten, ist für uns nicht leicht. Wir pflanzen uns nur selten fort, weshalb dieses Problem, von dem du sprichst, sich für uns nicht stellt. Aber ich will dir so viel sagen: Du machst dir völlig zu Recht Sorgen um die Zukunft deiner Kinder, denn eure jüngere Generation umgibt in der Tat eine Negativität und Destruktivität, die sehr mächtig ist. Das liegt zum Teil daran, dass ihr es versäumt habt, ihnen geistiges Wissen zu vermitteln und sie dazu anzuleiten, allen Lebewesen den gebotenen Respekt zu erweisen.

Ich bin mir bewusst, dass dies nicht leicht ist, aber es ist wichtig, euren Kindern zu zeigen, dass es im Herzen des Universums ein größeres Mysterium gibt, als sie wissen. Diese Angelegenheit geht erheblich tiefer als die uralten Generationenprobleme, die euch, wie uns klar ist, immer schon plagten. Es genügt auch nicht, wenn ihr ihnen erklärt, woran ihr, die Elterngeneration, glaubt, denn die Wahrheiten, nach denen sie suchen, reichen viel tiefer als alle Systeme, denen ihr euch bewusst seid.

Es besteht die sehr reale Gefahr, dass viele aus dieser jungen Generation eine so negative Energie in ihr Leben bringen, dass die Kette des Seins unterbrochen werden könnte. Wenn sie sich der Gegenwart des Geistes nicht bewusst sind oder nicht daran glauben, wie sollen sie dann ihren Kindern diese

Dinge vermitteln? Damit könnte innerhalb von zwei Generationen aller Respekt vor den tieferen Dimensionen des Lebens ausgelöscht werden. Dann werdet ihr kaum noch eine Chance haben, wieder auf den Pfad der Ganzheit zurückzufinden.

Ich denke, es geht jetzt nicht so sehr darum, was ihr euren Kindern sagt, sondern dass ihr zu Vorbildern für sie werdet. Wenn sie nur die dunkle, destruktive Seite eurer Natur erleben, wie sollen sie dann selbst einen anderen Weg einschlagen? Doch trotz alledem gibt es immer noch Hoffnung. Unter euren jungen Leuten (und zwar nicht nur den ganz Kleinen) gibt es viele, die uns sehen können und sich des größeren Sinns der Welt bewusst sind.

Ich vermag nicht zu sagen, ob ihre Zahl ausreichen wird, um das Blatt zu wenden. Aber ich glaube, es wird eurem Volk nur gelingen, wieder in die Harmonie zurückzukehren, wenn ihr eurem Nachwuchs die wahre Natur des Lebens zeigt. Es mag in eurer Natur liegen, dass viele von euch davor Augen und Ohren verschließen werden, aber ihr müsst es wenigstens versuchen.

Darüber hinaus ist das Beste, was ihr tun könnt, euren Kindern bedingungslose Liebe zu schenken und nicht mehr von ihnen zu erwarten, als sie euch geben können. Diese Dinge mögen euch selbst längst klar sein, aber viele andere erkennen nicht, was notwendig ist. Sprecht also offen über diese Themen. Versucht nicht, euren Kindern eure Idee aufzudrängen, sondern bietet sie ihnen als Geschenk an. Vielleicht werden genug zuhören und erkennen, dass eine Kursänderung nötig ist.

An diesem Punkt spürte ich, dass das Gespräch sich dem Ende zuneigte, aber bevor die Verbindung abbrach, fügte mein Besucher noch etwas hinzu.

Ich möchte eine weitere Angelegenheit ansprechen, die durchaus mit dieser Frage zusammenhängt. Dabei handelt es sich um die Bedeutung eurer Vorfahren für euer Leben und eure Zukunft. Das mag euch überraschen, denn ihr seid der Ansicht, dass eure Vorfahren Teil der Vergangenheit sind und, abgesehen von euren Erinnerungen an sie, keinen Einfluss auf euer heutiges Leben haben.

Doch glaubten die Menschen, die in ferner Vergangenheit in diesem Land lebten, dass der Einfluss der Ahnen stärker wird, je mehr Zeit vergeht, und das gilt auch heute noch. Mit Ahnen oder Vorfahren meine ich nicht nur eure individuellen Eltern und Großeltern, sondern jene weisen Alten, die das Wissen eures Volkes bewahren.

Stellt es euch so vor: Es gibt ein großes Lagerhaus alten Wissens eurer Ahnen, auf das ihr jederzeit zurückgreifen könnt, wenn ihr es benötigt. Eure Ahnen wussten vieles von dem, was ich euch erklärt habe. Dieses Wissen wäre euch in früheren Zeitaltern jederzeit zugänglich gewesen. Nicht alle eurer Vorfahren waren so inkarniert, wie ihr es euch vorstellt. Sie sind vielmehr in der Anderswelt präsent, als Energieknoten, an denen Muscheln der Weisheit und des Verstehens wachsen, die von eurem lebendigen spirituellen Sein erzeugt werden. Alles, was eines eurer Individuen während einer Inkarnation lernt, wird in der Essenz der Vorfahren gespeichert. Es gibt zu diesem Thema viel zu lernen, und ich werde später mehr dazu erklären, aber für den Moment solltet ihr euch mit dem Gedanken vertraut machen, dass es in der Anderswelt jene gibt, mit denen ihr Kontakt aufnehmen könnt, einfach indem ihr euch für die Möglichkeit öffnet, dass sie da und für euch erreichbar sind.

Und was eure Kinder angeht, solltet ihr sie der Obhut eurer Ahnen-Beschützer anvertrauen.

»Meinst du damit so etwas wie Schutzengel?«, wollte ich wissen.

In der Tat, das ist eine Erklärung, die im Rahmen eures gegenwärtigen Wissensstandes dieses Mysterium recht gut beschreibt. Wenn jedes Kind einen solchen Beschützer aus den Reihen eurer Ahnen hat – und dabei muss es sich nicht notwendigerweise um einen der eigenen Blutsverwandten handeln –, dann werden eure Kinder offener dafür sein, die Gegenwart des Geistes in allen Wesen und Dingen zu erkennen. Und das wird sie bis zu einem gewissen Grad vor der Destruktivität des Zeitalters schützen, in das sie hineingeboren werden.

Auch für euch Erwachsene jeden Alters ist es wichtig, dass ihr um das Gute wisst, dass eure Ahnen euch schenken können. Stellt sie euch als Kanäle für eine uralte Weisheit vor, die jeden speziellen Glauben, jede Lehre transzendiert. Das ist die einfachste und doch tiefgründigste Weisheit von allen. Ihr könnt von euren Ahnen viel lernen, und wie wir Sídhe sind auch sie Teil der ständigen Bewegung hin zur Wiedervereinigung des Geistes in allen Wesen und Dingen.

Am Ende dieses Gespräches verspürte ich den überwältigenden Drang, einen Spaziergang zu machen. Mein Kopf war ganz erfüllt von den Worten des Sídhe, und ich wünschte mir nichts mehr, als hinauszugehen und anderen davon zu erzählen. Doch ich wusste, das war zu diesem Zeitpunkt keine Option. Da die Erfahrung erst wenige Tage andauerte, machten Zweifel und Unsicherheit mir noch sehr zu schaffen. Ich dachte erneut an die Worte meines Besuchers, seine Empfehlung, mich mehr auf das achtsame Beobachten der Welt zu fokussieren, um das Plappern der Gedanken zum Schweigen zu bringen, das uns so sehr ablenkt, während wir unseren alltäglichen Beschäftigungen nachgehen.

Meine Füße trugen mich wie von selbst in den örtlichen Park, eine grüne Oase inmitten vom Beton und Glas der Stadt Oxford, die ich sehr gerne aufsuchte, wenn ich an einem neuen Buch oder Artikel arbeitete. Dort konnte ich meine Gedanken ordnen, wenn ich nach Worten suchte, um meine Ideen zu vermitteln. Fast immer kam ich energetisiert aus dem Park zurück. Dann setzte ich mich sofort an den Schreibtisch und konnte mehrere Stunden am Stück arbeiten.

Während ich durch den Park spazierte, dachte ich darüber nach, was mein Gesprächspartner über das ursprüngliche Gefühl der Verbundenheit zwischen den Menschen und der natürlichen Welt gesagt hatte. Mein Blick wurde von einem besonders schönen Baum angezogen, einer Eiche. In der Sommerhitze spendete sie mir und vielen anderen immer wieder wohltuenden Schatten.

Heute versuchte ich, die Natur dieses Baumes intensiver wahrzunehmen – und wurde dafür mit dem Gefühl belohnt, dass ich nicht einfach einen Organismus betrachtete, der aus Stamm, Ästen und Blättern bestand, sondern ein Wesen mit einer eigenen Seele. Diese Erfahrung lässt sich mit Worten nur schwer beschreiben. Der Baum blieb ein Baum; und doch wurde er zu etwas Größerem, Umfassenderem – ich spürte eine Verbindung zwischen zwei Seinszuständen, zwei Aspekten der Welt: Mensch und Pflanze.

Dieses Gefühl bewirkte, dass ich mich unter die alte Eiche legte und, wie schon unzählige Male zuvor, hinauf in den zwischen ihren Zweigen leuchtenden blauen Himmel blickte. Dabei überkam mich ein Gefühl von Ruhe und Frieden. Der immer präsente Verkehrslärm verschwand im Hintergrund. Ich verspürte eine tiefe Zufriedenheit, und für den Moment spielte es keine Rolle, dass ich mich im Zentrum einer hektischen Stadt befand.

Möglicherweise schlief ich für eine Weile ein. Jedenfalls wurde ich mir der Anwesenheit meines Sídhe-Gesprächspartners bewusst, nicht in so klarer, solider Form wie bei unseren Kommunikationen vor der Glyphe, sondern wie eine Art Luftgeist, der gemächlich im Park umherschwebte. Wir wechselten keine Worte, aber dennoch war es, als würde, wie sanfte Wellen auf dem Wasser, die ganze natürliche Umgebung auf seine Anwesenheit reagieren. Die Reaktion des Baumes war für mich besonders deutlich spürbar.

Es schien, als hätte der Sídhe einige Worte gesprochen, die ich nicht hören konnte, die aber von der Natur um mich herum mit Freude aufgenommen wurden. Noch wundersamer war, dass ich in mir selbst auch eine Reaktion spürte – nicht auf den Sídhe, sondern auf die Naturwesen in meiner unmittelbaren Umgebung.

Ich hatte plötzlich den Eindruck, dass alle diese Lebewesen – die Bäume, die Gräser, die Blumen in ihren sorgsam gepflegten Beeten – sich plötzlich meiner bewusst wurden und dass ich ihnen zuhörte, hinschaute, mich wirklich für ihre einzigartigen Wesenszüge öffnete. Und sie freuten sich, sehr sogar, und übermittelten mir, dass sie mich ebenfalls wahrnahmen!

Diese Erfahrung dauerte nur einen Moment. Dann war ich zurück und wurde mir wieder der Menschen bewusst, die vorbeigingen, dem ständigen Brausen des Verkehrs und eines Jumbo-Jets, der gerade Oxford überflog. Doch einen Moment lang hatte ich deutlich gespürt, wie meine Sinneserfahrung sich erweiterte, mehr als je zuvor. Wenn der Sídhe das gemeint hatte, als er sagte, wir sollten wieder Verbindung mit dem Gewebe der Schöpfung aufnehmen, dann wollte ich das unbedingt noch einmal erleben, ja es sogar zu einem ständigen Teil meiner Umweltwahrnehmung machen.

Ich ging, noch immer so erstaunt und verwundert wie zu Beginn meines Ausflugs, nach Hause zurück. Doch ich war jetzt von einer neuen Entschlossenheit erfüllt. Ich würde mir auf jeden Fall die gesamte Botschaft der Sídhe anhören. Und selbst wenn mir bei manchem, was sie mitteilten, Zweifel kamen, würde ich ihnen einen Vertrauensvorschuss geben und mein Bestes tun, um ihre Weisheit, die sie offenbar so bereitwillig mit uns teilen wollten, zu verstehen und unverfälscht weiterzugeben.

Kapitel 5
Inkarnation

»In vielerlei Hinsicht sind die Welt, die wir bewohnen, und eure Welt miteinander identisch.«

Meine Neugierde darüber, was es mit meinem Besucher auf sich hatte, wuchs von Tag zu Tag. Inzwischen hatte ich mehr über das keltische Feenvolk gelesen, fand die meisten Bücher aber vage und wenig abwechslungsreich, was die darin geäußerten Thesen anging. Manche Autoren glaubten, die Geschichten über die Feen seien einfach eine Erinnerung an eine frühere Zivilisation – vielleicht an die Pikten, die einst im Norden der Insel gelebt hatten. Andere – die Mehrheit, wie es mir schien – hielten das Feenvolk lediglich für eine Projektion des menschlichen Bewusstseins – ähnlich wie die Engel. Hier und da stieß ich aber auf Berichte wie jene, die der berühmte Anthropologe W. Y. Evans-Wentz für sein 1911 veröffentlichtes Buch *The Fairy Faith In Ireland* [»Der Feenglaube in Irland«] gesammelt hatte. Evans-Wentz nahm die Existenz der Feen nicht nur ernst, sondern seine Beschreibung war meinem Besucher nicht einmal unähnlich.

Zu diesem Zeitpunkt entschied ich mich nach reiflicher Überlegung, mit einem alten Freund über meine Erfahrung zu sprechen. Dass er mich ermutigte und den deutlichen Wunsch äußerte, mehr zu erfahren, veranlasste mich, den Stier bei den Hörnern zu packen und meinen Besucher um mehr konkrete Informationen über die Sídhe selbst zu bitten.

David Spangler ist ein bekannter Lehrer und Naturphilosoph, dessen Wachheit und Wissensdurst im Laufe der Jahre immer wieder Sprungbrett für meine eigenen kühnen geistigen Höhenflüge war. Wenn es einen Menschen gab, der mir eine vorurteilsfreie, scharfsinnige Einschätzung zu meinen Sídhe-Gesprächen geben konnte, dann er.*

Eines Abends rief ich ihn an, und nachdem wir ein paar Neuigkeiten ausgetauscht hatten, legte ich los und berichtete ihm detailliert von meinen Erlebnissen in Gortnasheen und allem, was darauf folgte. »Verliere ich den Verstand?«, fragte ich ihn.

»Kein bisschen«, antwortete David. »Das ist faszinierend. Kannst du mir deine bisherigen Notizen schicken?« Dazu war ich gerne bereit und schickte meinem Freund ein dickes Paket mit Kopien meiner Notizen. Ein paar Tage später rief er mich an.

»Das ist wirklich außergewöhnliches Material. Und liest sich ziemlich gut. Hohe Qualität.« Er äußerte ein paar Zweifel über die etwas negativen Aspekte der ersten Kommunikation, sagte abschließend aber, er würde mich bei diesem Projekt voll unterstützen und freue sich darauf, mehr zu lesen.

---

* David Spangler schrieb ein Buch über das Naturphänomen der *Techno-Elementale*, das ebenfalls bei AMRA vorliegt.

Von nun an schickte ich ihm regelmäßig die neu durchgegebenen Botschaften. Er antwortete mit begeisterten und ausführlichen Kommentaren. Nach einer Weile schickte David mir Fragen, die mir halfen, das Themenspektrum der Gespräche mit dem Boten der Sídhe zu erweitern. Viele der besonders ergiebigen Fragen stammen von David, und ich danke ihm sehr herzlich für seine freundschaftliche Begleitung und Unterstützung meiner Sídhe-Kommunikationen.

Mein eigenes Interesse an diesem geheimnisvollen Volk bewirkte, dass ich meinem Besucher eine einfache, naheliegende Frage stellte. Ich bat ihn, mir mehr über die Sídhe zu erzählen, über ihr Wesen und ihre Lebensweise. Die Antwort war so faszinierend, dass ich an den folgenden Tagen noch viele Fragen zur Geschichte der Sídhe stellte. Die erste Antwort meines Besuchers war zurückhaltend:

Deine Frage zu beantworten ist schwieriger, als du denkst. Wir sind nicht wie ihr, trotz unserer äußeren Ähnlichkeit. Wie ich schon sagte, sind wir hier auf der Erde entstanden, so wie ihr. Doch ab einem bestimmten Punkt schlugen unsere beiden Völker unterschiedliche Wege ein – ihr würdet sagen, unsere ›Evolution‹ verlief anders. Aber es war mehr als das: Wir erschienen während einer anderen Phase der Schöpfung des Universums auf der Bildfläche. Deshalb existieren wir in einem Parallel-Zustand, der tangential zu eurem Weltverständnis angesiedelt ist.

Als ich sagte, dass wir unter der Erde leben, dass wir uns dort Behausungen schufen, meinte ich nicht, dass wir tatsächlich physisch unter der Erde leben, wie ihr es verstehen würdet. Ich würde eher sagen, dass wir in unserem Reich leben, aber auch in eurer Welt in Erscheinung treten können. Diese beiden Reiche existieren, könnte man sagen, am gleichen Ort, sind aber dennoch voneinander getrennt.

In vielerlei Hinsicht sind die Welt, die wir bewohnen, und eure Welt miteinander identisch. In beiden stehen die Wesen in Beziehung zueinander. Das ist so eingerichtet, damit wir die Möglichkeit haben, den Geist der Welt gemeinsam zu erfahren, gemeinsam das zu erleben, was uns alle verbindet. Diese Erfahrung machen dein Volk und mein Volk jedoch auf unterschiedliche Art. Daher nehmen wir, wie ich bereits erwähnte, die Zeit auch unterschiedlich wahr.

Es fiel mir nicht leicht, ihm zu folgen. Ich bat ihn, diese Ideen ein wenig ausführlicher zu erläutern.

Ich werde es versuchen. Die Zeit ist eine Essenz, in der wir enthalten sind. Sie ist so real wie jede Substanz, und doch hat sie selbst keine Substanz, keine Form, die wir erkennen können. Ich habe schon auf die Tatsache hingewiesen, dass eure Art, Tage und Stunden zu messen, vollkommen künstlich ist. Doch auch wir messen die Zeit und erkennen ihre Natur, die fließender und veränderlicher ist, als ihr glaubt. Die Zeit kann zum Beispiel unter gewissen Umständen vorwärts und rückwärts fließen. Das geschieht aber nur, wenn man die richtigen Vorbereitungen trifft – es muss ein Raum geschaffen werden, in den die Essenz der Zeit, von uns dazu angeregt, hineinfließen kann.

Das ist einer der Gründe, warum wir die Zeit anders wahrnehmen als ihr. In unserer Welt scheint sie langsamer zu vergehen, obwohl sie tatsächlich genau so schnell dahinfließt wie in eurer Welt. Ich bin nicht in der Lage, dir dieses Paradoxon genauer zu erklären. Doch in der gegenwärtigen Phase eurer Existenz braucht ihr das auch gar nicht zu wissen. Viel wichtiger für euch ist es, zu erkennen, dass ihr in eurer Welt zu Sklaven der Zeit geworden seid. Wenn ihr Fortschritte machen wollt, müsst ihr euch von dieser Tyrannei befreien. Ruft euch jeden Tag ins Gedächtnis, dass ihr die Herrschaft der Zeit abschütteln könnt. Wenn ihr das tut, wird die Zeit sich auch für euch ausdehnen. Dabei geht es nicht einfach darum, die Zeitmessung zu beenden, die in eurem Leben eine so große Rolle spielt; vielmehr müsst ihr aus dem Zeitstrom heraustreten, ihn beobachten und lernen, Teil von ihm zu sein, ohne von der Strömung mitgerissen zu werden. Das ist gar nicht so schwierig, wie es euch anfangs scheinen mag. Mit etwas Übung wird es euch gelingen, einen Schritt beiseite zu treten und das Fließen der Zeit zu beobachten. Wenn es euch gelingt, die Fließbewegung wahrzunehmen, könnt ihr sogar lernen, die Fließrichtung umzukehren, so wie wir es schon seit vielen eurer Zeitalter tun.

Meine nächste Frage stammte von David Spangler. Betrachteten sich die Sídhe als inkarnierte Wesen, ganz so wie wir das von uns selbst glauben?

Wenn du mit Inkarnation das Hineingeborenwerden in die materielle Welt meinst, lautet die Antwort ja. Als ich sagte, dass ihr aus der Erde gekommen seid, meinte ich damit, dass ihr wie wir aus einem uralten Seinszustand in das eintratet, was wir alle Leben nennen. Ich kenne den Prozess nicht wirklich, der es deinem Volk ermöglichte, auf der Erde zu erscheinen und sich zu entwickeln – und das, obwohl wir euch schon so lange Zeit beobachten.

Vielleicht haben sich deine Rasse und meine ähnlich entwickelt, aber in unterschiedlichem Tempo. Bei euch gibt es die Vorstellung, ihr hättet die ursprüngliche Reinheit eures Schöpfungszustandes verloren und euch irgendwie zurückentwickelt. Das ist mit uns nicht geschehen. Wir haben uns weiterentwickelt, doch unser Wissen über uns selbst, unsere Vorstellung von uns selbst ist gleich geblieben.

»Du sprichst von Wissen. Besitzt ihr auch eine Vorstellung davon, was Intelligenz ist?«

Wenn ich deine Frage richtig verstanden habe, lautet meine Antwort, dass wir die Summe dessen sind, was wir wissen. Unser Wissen über die Welt, die Erde und die Energien, von denen sie durchströmt wird, definiert uns. Weil wir uralt sind, hatten wir viel Zeit, die Dinge zu erforschen, die uns Fortschritte ermöglichen. Unsere Natur ist nicht statisch, auch wenn wir uns langsam bewegen. Unser Verstand ist wach und schnell, aber wir haben gelernt, nicht nur vom Strom der Zeit, sondern auch vom Strom unserer Gedanken öfter einmal einen Schritt zurückzutreten. Das ermöglicht es uns, Vernunft und Geist zu vereinen.

Unsere Evolution unterscheidet sich stark von eurer. Wo ihr den Weg der Maschinen einschlugt, von denen ihr nun abhängig seid, zogen wir es vor, andere Fähigkeiten zu kultivieren. Euer Volk bezeichnet diese Fähigkeiten als ›Magie‹, aber in Wahrheit sind sie nicht magischer als die Dinge, die ihr vollbringt. Es ist einfach eine andere Vorgehensweise. Wenn wir zum Beispiel von einem Ort zum anderen reisen wollen, lösen wir einfach unsere Essenz auf und stellen sie dort, wo wir sein wollen, wieder her. Doch gleichzeitig haben wir den Ort, wo wir vorher waren, nie wirklich verlassen. Wir schicken einfach nur einen Teil unseres Bewusstseins an den anderen Ort.

Unsere Fähigkeit, uns harmonisch mit anderen Aspekten des Lebens zu verbinden, ermöglicht es uns, viele Dinge zu tun, die euch wie Zauberei erscheinen. Doch ihr könnt diese Dinge ebenfalls lernen. Sie mögen anfangs schwierig erscheinen, aber mit etwas Übung könnt ihr sie genauso meistern wie jede andere für euch erlernbare Fähigkeit.

Wieder bat ich ihn, diese Ideen etwas ausführlicher zu erklären.

Denke daran, dass, wie ich schon sagte, alles von Geist durchdrungen ist. Der Geist wohnt in euch. Der Geist wohnt in Steinen, sogar in der Luft. Wenn nun also der Geist in euch mit dem Geist in anderen Wesen und Dingen kommunizieren kann, könnt ihr eine Verbindung schaffen, die euch in die Lage versetzt, eure Geistigkeit mit der Geistigkeit in anderen Wesen und Dingen zu vereinen. Auf diese Weise könnt ihr subtile Veränderungen vornehmen. Ihr könnt zum Beispiel eure Gestalt verändern, indem ihr eine Verbindung zum Geist eines anderen Geschöpfes erschafft.

Wenn dieses Geschöpf einem solchen Austausch mit euch zustimmt, könnt ihr zu dem Geschöpf werden, und das Geschöpf kann sich in einem gewissen Sinne in euch verwandeln. Es geht dabei darum, Anderssein zu überwinden. Die Identität, die wir alle besitzen, sei es Sídhe, Tier oder Mensch, betrifft nur die äußere Form. Die Wirklichkeit des Geistes geht viel tiefer und ist viel dauerhafter, da sie keine äußere Form benötigt. Deswegen ist es so wichtig, dass ihr wieder eine Verbindung zwischen euch selbst und dem Geist in allem, was ist, aufbaut. Das wird ganz natürlich eintreten, wenn ihr die zersplitterten Teile eures eigenen Selbst wieder zusammenfügt.

»Das, was wir ›Magie‹ nennen, ist also die Manipulation des Geistes?«

Nein, keine Manipulation. Wir alle sind Teil eines Prozesses, der kein Ende hat – wobei ich aber durchaus verstehe, dass es für dein Volk schwierig ist, sich so etwas vorzustellen, da ihr euch ja als fertig entwickelte Wesen betrachtet. Teil des Prozesses ist es, die größte mögliche Verbundenheit zwischen allen Wesen und Dingen, allen Aspekten des Lebens, zu verwirklichen.

Dass diese größte Verbundenheit auftritt, ist ein natürliches Phänomen, und in dieser Kooperation zwischen allen Aspekten des Geistes gibt es keinerlei Manipulation. Nehmen wir an, du möchtest einen schweren Gegenstand hochheben, zum Beispiel einen Stein. Dazu brauchst du die Einwilligung des Steins, du brauchst geistige Verbundenheit und Gemeinschaft zwischen dem Stein und dir. Wenn diese Harmonie hergestellt ist, kann der Stein bewegt werden. In diesem Sinne sind alle Wesen und Dinge, die inkarniert sind, Teile des Ganzen – viele unter euch Menschen haben das bereits erkannt, waren aber bisher nicht in der Lage, den Schritt auf die nächste Ebene zu tun.

Wenn ihr die Beziehung zwischen allem, was existiert, einmal wirklich verstanden habt, seid ihr bereit für den Schritt, dieses Wissen in eurem Leben anzuwenden.

»Und wie erreichen wir das?«

Ich bin mir bewusst, dass das für euch nicht leicht zu begreifen ist. Stell dir vor, dass alles in deiner Umgebung zugleich in einem höheren Seinszustand existiert, in dem alles miteinander vereint ist. Das bedeutet nicht, dass ihr keine individuelle Realität habt – die habt ihr genau wie wir. Aber euch steht, wie uns, eine Ebene der Wirklichkeit offen, die sich von jener unterscheidet, die ihr in eurem Alltag erlebt. Einer eurer Weisen sagte, dass alle Formen Illusionen sind, und in gewisser Hinsicht hatte er damit recht. Die äußere Gestalt, die alle Wesen im Moment ihrer Inkarnation annehmen, ist weit subtiler, als euer Volk das bisher versteht.

Bevor ihr auf die Welt kommt, habt ihr bereits die Form angenommen, in die ihr euch während eurer Lebenszeit kleidet. Diese Form besteht wie ein Echo fort, nachdem der Geist wieder zu seinem Ursprung zurückgekehrt ist. Aber diese Form ist nicht die wahre Natur des Wesens, das sie bewohnt. Dieses Wesen reist weiter und nimmt andere Formen an.

Das war so aufregend und faszinierend, dass ich sofort mit einer anderen Frage herausplatzte. Sprach der Sídhe hier von Reinkarnation?

In gewisser Weise ist das der Name, den ihr dem Prozess gebt, den ich meine. Für uns ist das anders, denn wir sind so langlebig, dass nur wenige von uns dies bisher erlebt haben. Doch glauben wir, dass der Geist bestehen bleibt, wenn die Hülle der äußeren Form abgelegt wird. Es gibt einige wenige, die zu uns zurückkehrten und von solchen Erfahrungen berichteten. Auch wir sind sterblich, aber für uns ist der Tod nur eine kleine Veränderung in unserer Beziehung zur Welt, wie wir sie erleben. Man kann also sagen, dass wir den Tod nicht kennen, sondern nur den Übergang von einem Zustand in einen anderen.

Aber auch für uns gibt es auf diesem Gebiet vieles, was wir nicht verstehen. Wir sind weise, aber nicht allwissend. Wir glauben, dass unser Schicksal irgendwie mit eurem verknüpft ist, aber was es damit genau auf sich hat, wissen wir nicht. Viele Zeitalter sind vergangen, während denen dein Volk und mein Volk in der Welt Seite an Seite lebten und es dabei kaum Kontakte zwischen uns gab. Ihr erzählt euch seltsame Geschichten über uns, in denen wir fälschlicherweise als gefährlich dargestellt werden. Und doch haben manche von uns euch in eurer Welt aufgesucht, und Menschen, die gelernt hatten, unsere Welt zu sehen, waren bei uns zu Gast.

Ich spreche zu dir, weil wir glauben, dass die Zeit nicht mehr fern ist, in der ihr uns sehen könnt, wenn wir uns in eurer Nähe aufhalten. In diesem Moment wird der Strom des Geistes sich stark verändern, und deshalb ist es für euch sehr wichtig, dass ihr mehr über uns erfahrt und die Natur des Lebens, das wir mit euch teilen, besser versteht.

Meine nächste Frage bezog sich auf etwas, das ich in den Büchern zum Thema irische Feen gelesen hatte. »Du sagst, dass unsere beiden Spezies sich gegenseitig besuchen. Da ist noch ein anderer Aspekt der Beziehung, die, wie es heißt, zwischen uns existiert. Ich habe von Verträgen gehört, die zwischen Menschen und Sídhe geschlossen wurden, und dass es Liebesbeziehungen zwischen Menschenmännern und Sídhefrauen gab, und umgekehrt. Ist das wahr, und was hat es mit diesen Verträgen auf sich?«

Es ist wahr, dass unsere beiden Spezies sich von Zeit zu Zeit vermischt haben. Zum Teil liegt das daran, dass bei deiner und meiner Spezies, was sexuelle Beziehungen angeht, die gleichen Gesetze wirksam sind. Auch wir kennen die Liebesqualen, und hin und wieder geschieht es, dass wir uns in einen Menschen verlieben. Wir glauben, dass einer der wichtigsten Gründe für unsere Anwesenheit auf dieser Ebene darin besteht, dass wir mehr über die Liebe lernen sollen, ein Gefühl, dass unserer Ansicht nach häufig missverstanden wird. Es ist sehr notwendig, dass wir lernen, mit ganzem Herzen zu lieben, als Individuen ebenso wie als ganzes Volk.

Wir sehen in eurer Welt so viel Hass, so viel Leid, verursacht durch irregeleitete Zuneigung oder das Verleugnen der Liebe. Dennoch wurde uns von euch unterstellt, wir wären leidenschaftslos, kalt, reserviert. Doch das ist weit von der Wahrheit entfernt. Viele Angehörige meines Volkes sind während für euch unvorstellbar langer Zeiträume in erfüllter Liebe vereint. Bei euch Menschen wurde die Liebe offenbar in vielen verschiedenen Kanälen derartig fragmentiert, dass sie sehr schwach geworden ist. Du sprachst von einem Vertrag, und das ist in der Tat einer der zentralen Aspekte der Liebe. Dadurch wird ein Band besiegelt, das tiefer reicht als alle Worte, ein Band, das dauerhaft aufrechterhalten und in Ehren gehalten werden sollte, durch alle Prüfungen, die es zu meistern gilt.

Glaubt nicht, dass wir, weil wir einer anderen Spezies angehören, nicht die Liebe ganz ähnlich erleben können wie ihr. Der Sinn der Liebe ist es, die Natur der Menschen oder der Sídhe zu transzendieren. Sie ermöglicht es uns, das beschädigte Gewebe der Schöpfung wiederherzustellen, indem wir gegenüber der gesamten Schöpfung ein harmonisches Bild erschaffen.

Ich meinte unter anderem das, als ich erwähnte, woran viele von uns glauben, dass nämlich bald eine Zeit kommt, in der es zwischen unseren beiden Völkern mehr Nähe und Verständigung geben wird. Damit werden wir einen wichtigen Beitrag dazu leisten, bestimmte disharmonische Aspekte in der Schöpfung zu heilen.

Dieses Thema war bereits zur Sprache gekommen. Ich fragte ihn, was wir denn praktisch tun können, um die Heilung dieser disharmonischen Aspekte herbeizuführen.

Ihr könnt viel tun. Dazu zählt, wie ich schon erwähnte, dass ihr die Fragmentierung eures eigenen Bewusstseins heilt. Dann werdet ihr weitaus besser in der Lage sein, die natürliche Harmonie im Universum zu erkennen und wertzuschätzen, wodurch viele der Schäden, die dem Gewebe der Schöpfung zugefügt wurden, beseitigt werden können.

Als das Universum, wie ihr es kennt und wir es kennen, sich manifestierte, war es vollkommen und heil, es herrschten in ihm Harmonie und Resonanz. Alle Wesen trugen ihren Teil zu dieser Harmonie bei. Sie sangen gemeinsam ein Lied von unvorstellbarer Schönheit. Doch allmählich schlichen sich disharmonische Töne in dieses Lied ein. In jeder Spezies, auch bei uns Sídhe, gab es Individuen, die das Gespür dafür verloren, welche Töne sie hervorbrachten. Das führte zu immer größerer Unausgewogenheit und Disharmonie. Im Universum traten immer mehr Dinge in Erscheinung, die diese Disharmonie verstärkten. Heute ist es so, dass eine wichtige Aufgabe aller Spezies darin besteht, ihre richtigen Töne innerhalb des Liedes wiederzufinden und erklingen zu lassen.

Auch deshalb ist Liebe so wichtig. Liebe wohnt in allem, erkannt oder unerkannt, und wo Liebe wohnt, ist der Geist in Harmonie. Würdet ihr mehr Zeit damit verbringen, diese Harmonie zu kontemplieren, würdet ihr große Fortschritte hin zu jenem Zustand machen, zu dem ihr, wie wir glauben, absolut fähig seid.

Verbringt jeden Tag etwas Zeit damit, über eure persönliche Note nachzudenken, den Ton, der euch repräsentiert, wenn alles, was existiert, als Musik betrachtet wird. Wenn ihr in der Lage seid, diese Note in vollkommener Weise zu singen, dann werdet ihr vollkommen sein. Es macht gar nichts, wenn die Note anfangs unbeholfen oder gar dissonant klingt – mit der Zeit und durch regelmäßiges Üben werdet ihr lernen, sie so erklingen zu lassen, wie sie sich ursprünglich anhören sollte.

Wenn alle Wesen ihre Note perfekt anstimmen, wird die gesamte Schöpfung wieder vollkommen sein. Das ist die zweite Lektion, die wir euch vermitteln möchten.

Darüber dachte ich für einen Moment nach. Wenn alles einst in Harmonie existiert hatte, wie sah dann, zum Beispiel, unsere vollkommene Beziehung zu den Tieren aus?

Diese Frage geht viel tiefer, als dir bewusst ist. Einst standet ihr allen anderen Spezies näher und verstandet euch mit ihnen auf einer tieferen Ebene. Sie waren eure Gefährten, und wenn es notwendig war, dass eine Spezies ihr Leben gab, um einer anderen das Überleben zu ermöglichen, galt das als sinnvoll und angemessen. So, wie der menschliche Jäger den Geist des Tieres, das er jagte, darum bat, sein Leben zu geben, damit er leben konnte, konnte es auch geschehen, dass der Geist des Tieres den Geist des Jägers bat, im Gegenzug sein Leben zu opfern.

So wurde die Harmonie aufrechterhalten. Doch später vergaß das euer Volk und glaubte, wie auch heute noch, es hätte das Recht, Tiere so stark zu bejagen, dass sie ausgerottet wurden. Erstaunlicherweise wurden gerade diese Tiere zu Hütern der geistigen Welt. Jene unter euch, die in der Lage sind, die Geister zu sehen, nehmen sie als Tiergeister wahr. Sie verstehen nicht, dass gerade die Geschöpfe, die sie ausrotteten, die Wege zwischen den Welten bewachen.

In fast jedem Buch über die Feen, das ich gelesen hatte, heißt es, dass sie in einer Dimension leben, die Anderswelt genannt wird. Nun fragte ich meinen Besucher, ob er mir etwas über diesen Ort verraten könne – vorausgesetzt, dass es ihn gab und sie tatsächlich dort lebten.

> Unser Reich ist nicht die Anderswelt, wie ihr sie versteht. Wie ich schon sagte, ist unsere Daseinsebene der euren sehr nahe. Die Anderswelt ist ein Ort, zu dem unsere beiden Völker reisen können und wo sie sich in der Vergangenheit oft vermischt haben. In gewisser Weise befinde ich mich gerade in der Anderswelt, obwohl ich bei dir zu sein scheine. Das ist möglich, weil beide Orte sich in benachbarten Räumen befinden, wobei diese zwei Räume sich teilweise überschneiden. In diesem Moment berühren sich deine Welt und meine, und deshalb kannst du mich sehen und hören. Das Muster der Glyphe wirkt dabei wie ein Magnet und zieht die beiden Welten näher zueinander, so dass du und ich uns gegenseitig wahrnehmen können.

Als ich das hörte, fragte ich mich, wie unsere Welt für die Sídhe aussieht. Auf diese Frage antwortete mein Besucher:

> Sie sieht für uns fremd und vertraut zugleich aus. In mancher Hinsicht gleicht sie sehr unserer eigenen Welt, aber alles in eurer Welt erscheint uns weniger farbenfroh und nicht so lebendig wie bei uns. Wenn

ich in eurer Welt einen Baum, Stein oder Fluss betrachte, habe ich im Vergleich dazu, wie sie in unserer Welt aussehen, den Eindruck, sie wären bei euch ihrer Vitalität beraubt. Das war nicht immer so, aber im Laufe der Zeitalter haben wir beobachtet, wie euer Reich immer mehr ›verblasste‹.

Das liegt nicht daran, dass die Realität der Dinge sich in den beiden Welten stark unterscheidet, sondern wird dadurch bewirkt, dass ich eure Welt gewissermaßen durch eure Augen sehe. Tatsächlich ist das einer der Gründe, warum wir euch besuchen: Wir wollen die Welt so wahrnehmen, wie sie euch erscheint, damit wir euch besser verstehen können. Doch eure Wahrnehmung ist sehr trübe. Zu den Dingen, die wir euch unbedingt beibringen wollen, gehört, dass ihr lernt, eure Welt so wahrzunehmen, wie sie wirklich ist.

Ich dachte an den Besuch im Park und das wunderbare Erlebnis, die Essenz des Baumes zu spüren. Als könnte mein Besucher meine Gedanken hören, fuhr er fort:

Zunächst einmal solltet ihr nicht dem ersten Eindruck vertrauen, den eure Sinne euch übermitteln. Wenn ihr diesem ersten Eindruck misstraut, zwingt euch das, erneut hinzuschauen. Bei diesem zweiten Blick nehmt ihr das Gesehene intensiver wahr. Jedes Mal, wenn ihr wieder hinseht, werdet ihr mehr wahrnehmen. Es gibt eine viel größere Bandbreite von Farben und Strukturen, als euch gegenwärtig bewusst ist. So ist es auch mit Tönen. Eure Ohren sind so verstopft, wie euer Blick getrübt ist – weil ihr euch viel zu sehr mit nutzlosen Dingen beschäftigt. Obwohl eure technische Welt eure Augen und Ohren mit Eindrücken geradezu überflutet, seht und hört ihr immer weniger. Das mag euch paradox erscheinen, aber in Wahrheit ist es das nicht. Es ist Teil des Ganzen.

So, wie ihr lernen solltet, mehr in die Tiefe zu blicken, müsst ihr auch die ablenkende Falschheit bestimmter Bilder, bestimmter Töne aus eurer Wahrnehmung ausschließen. Wenn eure Augen und Ohren voll sind, was seht und hört ihr dann überhaupt noch? Das gilt für eure sämtlichen Sinne. Ihr solltet wählerischer werden im Hinblick darauf, was ihr durch eure Sinne hereinlasst. Nehmt dafür tiefer, intensiver wahr. Arbeitet daran, jene aufdringlichen und sinnlosen Dinge stärker auszublenden, mit denen ihr euer Leben überlastet. Dann werdet ihr wieder lernen, die wahre Natur eurer Welt wertzuschätzen. Das gehört ebenfalls zu der Aufgabe, euer fragmentiertes Selbst wiederherzustellen. Auch die Sinne sind Fenster, durch die ihr den Geist schauen könnt. Wenn sie wirklich klar sind, werdet ihr alles viel tiefer erleben.

Diese letzte Aussage brachte mich zu einer Frage, die mir schon seit Tagen durch den Kopf ging. Ich sagte: »Es gibt eine Theorie, wonach die Feen hinter dem Kornkreis-Phänomen stecken. Andere Menschen halten die Kornkreise für Fälschungen. Kannst du mir dazu etwas sagen?«

Diese Phänomene, die du Kornkreise nennst, werden nicht von den Sídhe erschaffen, auch wenn wir uns ihrer natürlich bewusst sind. Im Wesentlichen glauben wir, dass die Kornkreise spontan entstehen und einen Versuch darstellen, mit euch in einen Dialog einzutreten. Nicht die Art von Gespräch, wie wir es gerade führen, sondern Kommunikation in einem umfassenderen Sinn. Tatsächlich haben auch einige Menschen Kornkreise angelegt, aus dem Wunsch heraus, Teil des inneren Impulses zu werden, der die Formen entstehen lässt. Es handelt sich bei den Kornkreisen um Glyphen, ganz ähnlich der, mit der wir beide hier arbeiten.

»Ich bin nicht sicher, ob ich das richtig verstehe. Wie können diese Glyphen spontan entstehen? Wer erschafft sie?«

Sie werden nicht durch eine oder mehrere Personen erzeugt, obwohl einige Angehörige eures Volkes beteiligt sind. Es handelt sich dabei vielmehr um einen Ausdruck der ältesten Kräfte, die in der Erde enthalten sind. Man könnte sagen, dass hier die Erde selbst mit euch kommuniziert. Die Kornkreise sind ein Versuch, bestimmte Konzepte auf eine Art darzustellen, die ihr verstehen könnt – daher manifestieren sich Formen, die euch vertraut sind. Es geht darum, dass euer Bewusstsein etwas deutet, das ansonsten als abstrakt betrachtet werden kann. Und doch kommt in diesen Erscheinungen ein tiefes Wissen zum Ausdruck, Formen und Muster, die Bestandteile der uralten Formenbildung der Schöpfung sind.

Es ist noch zu früh, um zu beurteilen, ob sie die erhoffte Wirkung erzielen werden. Gegenwärtig haben zu viele von euch Zweifel an ihrer Echtheit und der Methode, mit der sie geschaffen wurden. Doch wenn ihr Zeichnungen dieser Glyphen anfertigt und sie studiert wie die Glyphe, mit der wir beide kommunizieren, werdet ihr entdecken, dass sie euch eine neue Sicht auf die natürliche Welt eröffnen, und auf das Mysterium, dass unter der Erde schläft.

»Das ist wunderbar. Kannst du mir mehr darüber erzählen?«

Stelle es dir folgendermaßen vor: Die Erde, auf der ihr lebt, ist viel älter als wir oder ihr. Sie existiert seit sehr langer Zeit und wird aller Wahrscheinlichkeit nach noch lange existieren, nachdem alles andere Leben von ihr verschwunden ist. Tief unter dem Land liegen mächtige Energien und Kräfte verborgen. Gewisse Kenntnisse darüber besitzt eure Spezies seit Jahrhunderten – die einfachste Form dieses Wissens ermöglicht es euch, Landwirtschaft zu betreiben und Ackerfrüchte zu ernten. Doch es gibt weitaus tiefere Ebenen, die sich euch nur offenbaren, wenn ihr eine größere Verbundenheit mit allem Leben entwickelt. Wenn du dich das nächste Mal in der Natur aufhältst, versetze dich in einen empfangsbereiteren Zustand. Dann wirst du dir dieser Dinge bewusst werden.

Ich stellte ihm eine weitere Frage, die, obwohl eher unbedeutend, mich schon seit Tagen beschäftigte. Wenn die Sídhe schon so viel länger als wir auf der Erde weilten und wenn dieser uns bekannte Name aus der gälischen Sprache stammte, wie waren sie dann vor dieser Zeit genannt worden? Hatten sie auch einen Namen für sich selbst?

Mein Besucher schien amüsiert zu sein.

Was für eine sehr menschliche Frage das doch ist! In der Tat haben wir einen Namen für uns selbst – den ich dir aber nicht nennen werde, ebenso wenig wie meinen eigenen Namen, denn sie sind für unsere Kontakte nicht von Belang. Wir haben uns entschieden, uns euch gegenüber als Sídhe zu bezeichnen, weil dieses Wort verhältnismäßig jungen Ursprungs ist und daher für euer Volk noch eine gewisse Bedeutung hat. Aus diesem Grund benutzen wir auch die Glyphe, die allerdings schon in den Stein geritzt wurde, lange bevor das Volk, das ihr die Kelten nennt, in dieses Land kam. In beiden Fällen liegt der Grund dafür, dass wir sie gebrauchen, darin, dass sie für dein Volk recht vertraut sind.

Hier endete an diesem Tag unser Gespräch, aber mir ging nicht aus dem Kopf, was mein Besucher über die latenten Energien der Erde gesagt hatte.

Ein paar Tage später besuchte ich Freunde, die draußen in Wiltshire leben. Pat und Tom Croom wohnen am Ende eines langen einspurigen Sträßchens in einem kleinen Haus, umgeben von einer weiten Landschaft aus Feldern und Wiesen. Am Abend unternahmen wir gerne einen Verdauungsspaziergang, meist in freundschaftlicher Schweigsamkeit. Diesmal versetzte ich mich, während wir über die sanften Hügel gingen, in einen meditativen Zustand. Ich fing an, über das Land nachzudenken, über die Natur der Erde unter meinen Füßen, auf der schon Generationen vor mir gegangen waren.

Zuerst fühlte ich gar nichts, dann – fingen meine Füße an zu kribbeln! Es war, als würde jeder meiner Schritte eine Reaktion der Erde auslösen. Das war ein sehr sonderbares Gefühl, und fast wäre ich dadurch in den normalen Bewusstseinszustand zurückgeschnellt. Doch mit ein wenig Konzentration schaffte ich es, in meinem meditativen Zustand zu bleiben. Ich ließ mein Bewusstsein tiefer in sich selbst hineinsinken. Ich richtete meine Aufmerksamkeit wieder auf die Erde, und diesmal empfand ich etwas, das ich nur als tiefe Verbundenheit mit dem Land beschreiben kann. Ich erkannte, dass jedes Körnchen des Erdbodens, jeder Stein, jede Wurzel unter mir irgendwie mit allem anderen verbunden war. Und während ich mit meinen Freunden über diesen Feldweg in Wiltshire spazierte, ging ich gleichzeitig über jedes andere Stück Land im Umkreis mehrerer Kilometer! Das war ein sehr eigenartiges Gefühl, und mir wurde klar, dass ich, wenn ich die Konzentration aufrechterhielt, diesen Radius noch viel weiter ausdehnen konnte.

Auch schien mir, dass ich, wenn ich diese Art tiefer Bewusstheit regelmäßig praktizierte, vielleicht bald schon in der Lage sein würde, irgendwie die Gegenwart aller Wesen zu spüren, die vor mir hier unterwegs gewesen waren: Menschen und Tiere, alles, was Teil des Schöpfungsgewebes war. Das

Land, auf dem ich ging, war Teil von etwas Größerem, dessen Gesamtheit Ökologen wie James Lovelock Gaia nennen, nach der griechischen Göttin, womit sie andeuten, dass der Planet ein Lebewesen ist – was, wie mein Besucher sagte, auch die Sídhe glauben.

Das Erlebnis dauerte nur ein paar Augenblicke. Dann befand ich mich wieder in meinem normalen Bewusstseinszustand. Tom deutete auf einen Drachen, der hoch über uns durch die Luft schwebte, und als ich meine Aufmerksamkeit dorthin verlagerte, veränderte sich auch mein Kontakt zur Erde. Aber das Gefühl ist seitdem ein Teil von mir – auch jetzt, während ich diese Zeilen schreibe. Mehr als alles, was ich zu diesem Thema gelesen hatte, lehrte mich diese Erfahrung, dass ich ganz real ein Teil der Welt bin, auf der ich lebe. Ich kann mir nicht vorstellen, jemals wieder auf der Erde zu gehen, ohne mir dieser tiefen Verbundenheit bewusst zu sein, die zwischen dem Planeten und uns besteht.

Wieder hatte ich von den Sídhe eine wichtige Lektion gelernt.

Kapitel 6
Die Reise

»Ihr tragt die Anlagen für große Taten und unvergleichliche Schönheit in euch.«

Inzwischen hatte ich die bisherigen Gespräche Korrektur gelesen und mehrfach mit David Spangler angeregt am Telefon über sie diskutiert. Manche Äußerungen meines Sídhe-Besuchers hatten in mir ein Gefühl von Negativität ausgelöst, was ihr Bild von der Menschheit anging. Eines Tages, während eines kurzen Besuchs in London, saß ich im Bus und betrachtete durch das Fenster das hektische, durcheinanderwirbelnde Treiben der Menschen auf den Straßen. Alles wirkte schmutzig und ermüdend. Ich ertappte mich bei der Frage, warum wir uns auf dem evolutionären Pfad so weit vorwärtsgekämpft hatten und trotzdem nicht in der Lage waren, etwas Besseres hervorzubringen als das hier. In mir wurde dadurch ein dunkles, verstörendes Gefühl geweckt. Im Allgemeinen verspüre ich gegenüber meinen Mitmenschen eher freundliche, warmherzige Gefühle. Doch plötzlich merkte ich, wie ich das in Frage stellte. Ich schaute auf die Stadtbewohner, als stünde ihnen auf die Stirn geschrieben, was der prophetische englische Dichter William Blake »Zeichen der Freude und Zeichen des Leides« nannte.

Als ich an diesem Abend nach Hause kam, rief ich David an und erzählte ihm von diesem ein wenig irritierenden Erlebnis.

»Das ist es, was ich meinte, als ich sagte, die Botschaften des Sídhe wären etwas negativ. In vielen Büchern, die ich seit den 1950ern zu diesem Thema gelesen habe, wird eine ähnliche Unzufriedenheit zum Ausdruck gebracht. Darin kommen offensichtlich die eigenen Gefühle desjenigen zum Ausdruck, der die Beobachtungen macht.«

»Aber ich bin doch gar nicht sonderlich unzufrieden mit meinem Leben«, widersprach ich.

»Ich weiß«, sagte David mit einem Lachen. »Deshalb solltest du deinen Besucher auch nach *seiner* Meinung dazu fragen.«

Das schien mir eine gute Idee zu sein, und nachdem ich den Hörer aufgelegt hatte, setzte ich mich sofort vor die Glyphe und stellte dem Sídhe diese Frage. Ich zögerte etwas und fragte mich, was er wohl darauf antworten würde.

Doch die Antwort meines Besuchers war wohlüberlegt, warmherzig und informativ.

Es ist ganz bestimmt nicht unser Wunsch, bei dir solche Gefühle auszulösen. Wie ich schon bei unserer ersten Unterhaltung sagte, sind wir eine uralte Rasse, die euch schon seit sehr vielen Jahren beobachtet. Uns hat nicht alles gefallen, was wir gesehen haben. Doch werden eure dunklen Taten stets durch eure guten, segensreichen Taten aufgewogen. Durch eure Musik und andere künstlerische Schöpfungen und durch eure vielen Akte der Güte und Großzügigkeit habt ihr immer wieder eine geistige Größe gezeigt, die sich mit allem messen kann, was wir diesbezüglich bei anderen Völkern sahen.

Der Hauptgrund dafür, dass wir euch zu diesem Zeitpunkt kontaktieren, ist das Potenzial, das wir bei euch erkennen. Es würde uns große Freude bereiten, wenn ihr dieses Potenzial stärker entfaltet und zum Ausdruck bringt. Es würde nicht unseren eigenen Ansprüchen an uns selbst genügen, wenn wir euch einfach nur Lob für das spenden, was ihr bereits erreicht habt. Wir möchten euch zu positiven Veränderungen ermutigen. Ihr tragt die Anlagen für große Taten und unvergleichliche Schönheit in euch. Doch wir fürchten, dass ihr ohne Hilfe von außen diese Anlagen nicht wirklich entdecken und zur Blüte bringen könnt. Zwar können wir euch nicht unseren Willen aufzwingen (und wünschen das auch keinesfalls), doch wir sind in der Lage, euch zu beraten und euch auf diese Weise bei den nächsten Schritten eurer Entwicklung zu helfen.

Ich sagte: »Es sind inzwischen so viele Bücher erschienen, deren Autoren behaupten, es handele sich um Botschaften von Wesen, die uns angeblich überlegen sein sollen.« Ich dachte dabei an die Flut von gechannelten Büchern, die im vergangenen Jahrzehnt auf den Markt kamen. »Viele waren kritisch hinsichtlich der aktuellen Situation der Menschheit, boten aber kaum konstruktive Lösungen für unsere Probleme.«

Mein Besucher antwortete ausführlich:

Das mag sein. Ich aber wäre gar nicht hier, wenn ich es mit eurem Volk nicht gut meinen würde. Es gibt in der Tat in meinem Volk solche, die eine Abneigung gegen eure Rasse hegen – und euren Weg mit Missfallen beobachten –, aber viele andere betrachten, wie ich, unsere Völker als nahe verwandt, weil wir beide Teil derselben Schöpfung sind. Unsere Evolution verlief unterschiedlich, und wir haben einen anderen Weg als ihr eingeschlagen, aber so viel trennt uns gar nicht voneinander. Ganz gewiss behaupten wir nicht, euch überlegen zu sein. Es ist einfach so, dass wir auf einem anderen Pfad schon ein Stück weiter vorangekommen sind als ihr auf eurem. Dadurch sehen wir vieles in einem anderen Licht.

Ich persönlich möchte euch gerne dabei helfen, den Weg zu finden, auf dem ihr als inkarnierte Wesen eure Anlagen besser und erfüllter zum Ausdruck bringen könnt. Zukünftig kann es durchaus geschehen, dass wir die Rollen tauschen – dass wir eure Hilfe benötigen. Wir sind ganz gewiss nicht vollkommen (wahrscheinlich wird keine Spezies jemals vollkommen sein); auf unsere Weise versuchen wir, genau wie ihr, uns zu entwickeln und unser Potenzial zu entfalten. Ich bin überzeugt, dass wir das in gegenseitigem Austausch tun sollten, als zwei Völker, die sich beide auf einer Reise befinden.

»Wie würdest du diese Reise beschreiben?«, wollte ich von ihm wissen.

In der Vergangenheit – in einer so fernen Vergangenheit, dass selbst wir sie als Urzeit betrachten – wurde vorhergesagt, dass eine Zeit kommen würde, in der wir die Fähigkeit verlieren würden, uns zu verändern, und dass dieser unveränderliche Zustand für uns zur Last werden würde. Wir glauben, dass diese Zeit gekommen ist. Seit vielen Zeitaltern eurer Jahreszählung haben wir uns nicht mehr nennenswert weiterentwickelt – und doch verspüren wir ein Bedürfnis nach Veränderung.

Auch eure Rasse befindet sich an einem Scheideweg. Seit der Zeit, als ihr als Neuankömmlinge hier an diese Gestade kamt, habt ihr einen weiten Weg zurückgelegt – und ihr verändert euch dabei so rasant, dass euch die Harmonie zur übrigen Schöpfung abhanden gekommen ist. Es ist, als hättet ihr bestimmte Aspekte eures Selbst unterwegs verloren, und bestimmte Teile eures Wesens solltet ihr dringend weiterentwickeln. Du erlebst gegenwärtig, dass euer Interesse an spirituellen Fragen enorm gewachsen ist – doch das hat leider euer Bewusstsein noch unfokussierter werden lassen … Es ist, als würde die große Vielfalt der spirituellen Wege bewirken, dass ihr nicht mehr entschlossen den Dingen auf den Grund geht, die noch der Erforschung harren.

Zu den größten Gaben, die wir bei euch sehen, gehört euer Wunsch, zu forschen und euer Wissen zu erweitern. Dieser Wissensdurst hat euch große Fortschritte ermöglicht, auf dem Pfad des Tages und auf dem Pfad der Nacht. Folglich ist eure Reise in der Tat eine Forschungs- und Entdeckungsreise, nicht nur in Raum und Zeit, sondern auch in den Dimensionen des Geistes. Würde ich zu euch sagen, dass unsere beiden Völker, Menschen und Sídhe, sich auf einem parallelen Weg befinden, dass wir auf unserer Reise ähnliche Ziele verfolgen, wie würdest du darauf reagieren?

Erstaunt, und etwas peinlich berührt, antwortete ich, dass ich mir das angesichts der Verschiedenheit unseres Wesens nur schwer vorstellen könnte.

Darauf sagte er:

Doch sind die Unterschiede zwischen uns wirklich so groß, wie du sagst? Wir mögen uns von unserer körperlichen Beschaffenheit her unterscheiden (denn die Gestalt, in der ich dir erscheine, ist nicht meine wirkliche Form) und auch in unserem inneren Wesen gibt es Abweichungen, aber wir suchen beide nach den gleichen Antworten – nach dem Sinn unserer Anwesenheit in diesem Universum. Damit, dass ihr solche Fragen stellt, seid ihr nicht allein. Auch wir möchten wissen, warum wir so sind, wie wir sind, und wie wir wirklich sind – und in dieser Hinsicht folgen wir einem ähnlichen Pfad. Ein Austausch zwischen unseren beiden Spezies wäre eine einzigartige Gelegenheit, voneinander und miteinander zu lernen!

Seine Worte erstaunten mich sehr. Die einzige Frage, die mir darauf in den Sinn kam, lautete: »Du sagst, du siehst gar nicht wirklich so aus, wie ich dich sehe. Wie siehst du dann aus?«

Das kann ich dir nicht richtig zeigen. Nicht, weil ich es nicht will, sondern weil deine Sinne nicht darauf eingestellt sind, mich in meiner wahren Gestalt zu sehen. Daher wählte ich, als ich mich dir zum ersten Mal zeigte, ein Aussehen, das euren gängigen Vorstellungen von uns entspricht. Es ist, als hättet ihr einen gemeinsamen Erinnerungsspeicher, aus dem alle Menschen bestimmte Bilder abrufen können. Würde ich dir meine Welt zeigen, würdest du Bilder sehen, die dein tieferes Bewusstsein dir vorgibt. Umgekehrt ist es genauso. Das ist an und für sich unwichtig, zeigt aber, dass wir beide nicht leichtfertig die Eindrücke akzeptieren sollten, die unsere Sinne uns vermitteln. Zum Beispiel frage ich mich, ob wir euch denn so sehen, wie ihr wirklich seid. Könnten nicht meine Sinne ebenfalls programmiert sein, so wie deine? Es ist ja durchaus denkbar, dass unser Eindruck von eurer Rasse falsch ist, das wir euch heute immer noch so wahrnehmen, wie ihr früher wart, und nicht, wie ihr heute seid.

Aber wie viele andere Sídhe glaube ich, dass ihr euch zwar in manchen Bereichen sehr tiefgreifend verändert habt, in anderen aber noch gar keine Veränderung erkennbar ist. Deshalb ermutigen wir euch dazu, das Potenzial, das in euch liegt, tiefer zu ergründen. Dass ich bei dem Versuch, euch darauf hinzuweisen, Dinge berühre, die du als negativ empfindest, ist leider unvermeidlich.

Ich hatte das Gefühl, von ihm sehr deutlich auf meinen Platz verwiesen worden zu sein. Aber immerhin war meine Frage beantwortet. Und ich spürte deutlich, dass die Sídhe uns gegenüber nur gute Absichten verfolgten – selbst wenn sie unsere Unzulänglichkeiten viel deutlicher wahrnahmen als wir selbst. Die Bemerkung meines Besuchers, dass wir nur das sehen können, was zu sehen uns einprogrammiert ist, erschien mir sehr wichtig. Ich beschloss, später dazu weitere Fragen zu stellen.

Es vergingen zwei Tage, bis sich wieder eine Gelegenheit ergab, meinen Sídhe-Gesprächspartner zu kontaktieren. Als er vor meinen Augen erschien, fragte ich ihn nach der Beziehung zwischen dem Volk der Feen und uns. Ich wollte von ihm wissen, was es mit der Verwandtschaft zwischen uns auf sich hat. Gibt es einen Aspekt der Sídhe in uns und einen Aspekt von uns in den Sídhe?

Die Beziehung zwischen unseren Spezies ist komplex. Wie ich schon sagte, bewohnen wir die Erde schon viel länger als ihr. Die Neuankömmlinge, wie wir euch damals nannten, erschienen erst viele Jahrtausende nach uns auf der Bildfläche. Anfangs versuchten wir, mit euch zu sprechen, aber eure Reaktion bestand entweder darin, uns (wie heute noch) gar nicht zu sehen, oder ihr reagiertet mit Angst oder Wut. Es gibt bei euch und bei uns Geschichten von diesem ersten Aufeinandertreffen. Es gab damals Tote auf beiden Seiten, aber wir sind überzeugt, dass dies die tragische Folge von Missverständnissen war, keine vorsätzliche Feindseligkeit.

Das ist alles so lange her, dass selbst wir uns nicht mehr genau erinnern können. Wie auch die Wahrheit aussehen mag, wir entschieden damals, dass wir den Kontakt zu euch meiden würden. Wir verbargen uns möglichst vor euch, und ihr vergaßt uns allmählich. Während einer mehrere Jahrhunderte dauernden Phase gab es keine Begegnungen. Später, als eure Rasse sich weiterentwickelte, suchten wir wieder den Kontakt, aber wieder begegnetet ihr uns mit Angst und Feindseligkeit (wobei es aber unter euch auch solche gab, die uns respektierten und anerkannten). Erneut verbargen wir uns. Schließlich, wie ich dir bereits erzählt habe, zogen wir uns unter die Erde zurück, wo wir bis heute leben. Im Großen und Ganzen hegten wir immer freundliche Gefühle euch gegenüber, denn schließlich seid ihr wie die Tiere unsere Mitbewohner auf dieser Welt.

Zu bestimmten Zeiten während der langen Geschichte unserer beiden Spezies gab es einzelne Sídhe, die unseren üblichen Seinszustand verließen, um mitten unter euch zu leben.

Das hieß für sie, dass sie wieder dem Altern und dem Tod ins Gesicht sehen mussten.

Auf gleiche Weise entschieden sich immer wieder Menschen dafür, in unsere Welt zu kommen und mit uns zu leben, wofür sie dann das Geschenk der Sterblichkeit aufgeben mussten, um eine oder einer von uns zu werden. Wir haben schon darüber gesprochen, dass es zu intimen Partnerschaften kam und unser Blut vermischt wurde. Für lange Zeit wussten wir nicht, ob dies überhaupt möglich war, aber dann zeigte sich, dass wir gemeinsame Nachkommen zeugen können, und so gibt es heute jene, die Fee und Mensch zugleich sind. Das hat es uns ermöglicht, euer Wesen besser zu verstehen. Und einzelne eurer Art können dadurch uns besser verstehen.

Jene in eurem Volk, die ihr Seher nennt, sind auf unsere Natur und unseren Geist eingestimmt. Wir sind fest überzeugt, dass wir, wenn es auf beiden Seiten eine entsprechende Bereitschaft gibt, einander besser kennenlernen können. Auf diese Weise könnt ihr von uns lernen und wir von euch.

Trotz unserer Unterschiede gibt es eine Verwandtschaft zwischen uns. Wir sind zwei Familien, die in der gleichen Sphäre des Lebens wohnen, wenn auch unsere Lebensweise voneinander abweicht. Man könnte sagen, dass unser Seinsmuster oder unsere Energiefrequenz sich unterscheiden, und doch sind wir durchaus ähnlich beschaffen. Darüber hinaus inkarnieren wir nicht selten aus ganz ähnlichen Gründen wie ihr.

Durch nichts, was ich zuvor gehört hatte, war ich auf diese Aussage vorbereitet. Sofort bat ich meinen

Besucher, mir mehr über diese Zusammenhänge zu berichten.

So wie ich es verstehe, haben wir etwas unterschiedliche Aufgaben. Für euch gehört dazu die Vollendung einer Arbeit, die sich mit euch entwickelt hat, aber von Anfang an vorhanden war. Wie du sicher schon viele Male gehört hast, scheint es bei dieser Arbeit darum zu gehen, dass ihr euch selbst vervollkommnet. Das stimmt aber nur zum Teil. Gewiss wäre es für alle Welten ein Segen, wenn ihr dies erreicht, doch erfordern in diesem Zusammenhang noch andere Dinge Beachtung. Es ist nämlich auch eure Aufgabe, eure Beziehung zu anderen Seinszuständen zu vervollkommnen.

Dies sind jene Zustände, die vor der Geburt und nach dem Tod existieren – und sich übrigens klar voneinander unterscheiden. Sicher hast du schon einmal gehört, dass alle Lebewesen dem gleichen Endziel zustreben. Das ist richtig, aber sie tun das in unterschiedlichem Tempo. Wir bewegen uns langsamer als ihr, doch legen wir dabei eine größere Distanz in Raum und Zeit zurück. Andere Ordnungen der Schöpfung, wie Pflanzen, Tiere oder die mineralische Welt, entwickeln sich ebenfalls.

Nur wenn es euch gelingt, diese anderen Ordnungen zu verstehen und wieder in Harmonie mit ihnen zu leben, wird euer nächstes Entwicklungsstadium – und ihres – sich verwirklichen. Darum ist es so wichtig, dass ihr diese Harmonie mit der übrigen Schöpfung wiederherstellt. Solange ihr in Disharmonie existiert, wird das große Gewebe der Schöpfung überall beschädigt.

Auch wir spüren das. Die Verwundung unserer Welt kann auch für unseren Seinszustand gefährlich werden. Unsere Welten und Seinszustände stehen ja miteinander in Verbindung, wie alle Wesen und alle Welten ein gemeinsames Netzwerk bilden. Jener Ort, den ihr Anderswelt nennt und in dem wir beide uns momentan in einem gewissen Sinne aufhalten, ist ein Ort, durch den die gesamte Schöpfung fließt. Daher kannst du dich von einer Welt in eine andere bewegen, ohne dabei deinen jetzigen Aufenthaltsort zu verlassen.

Diese Art des Reisens ist leicht zu erlernen. Dazu brauchst du lediglich eine Glyphe von jedem Ort, an den du reisen möchtest – dann kannst du dich auf dein jeweiliges Ziel konzentrieren und von der einen Welt in die andere gelangen.

»Aber wie kommen wir denn an diese Glyphen? Ich weiß ja, wie ich die gefunden habe, die ich für den Kontakt mit den Sídhe nutzen kann, aber was ist mit den anderen?«

Sie werden euch zugänglich, wenn ihr die Grenzen, die euch einschränken, immer mehr ausdehnt. Momentan könnt ihr nur bis zum Rand der Grenzen reisen, die ihr euch selbst auferlegt habt. Das sind die Scheuklappen, von denen ich sprach. Ihr könnt sie ablegen, indem ihr euch von der Realität löst, aus der sich eure Sinneseindrücke speisen. Gestattet euch, diese Ebene zu verlassen, und nutzt dazu etwas, das ich Tagträumen nenne.

Ich wusste, dass ich schon etwas Ähnliches irgendwo gelesen hatte. Ich kramte in meinem Gedächtnis und stieß auf etwas, das ich für passend hielt. »Klingt ein wenig wie schamanisches Reisen, richtig?«

Es ist ähnlich in der Hinsicht, dass bei solchen Reisen der gleiche Bereich des Bewusstseins genutzt wird. Wichtig ist, dass ihr die Ablenkung durch die Sinne ausblendet und Eindrücke aus anderen Seinszuständen zulasst. Paradoxerweise geschieht das, wenn ihr euch mehr auf eure innersten Sinnesorgane einstimmt. Wenn ihr euch mit den Energieströmen des großen Gewebes der Schöpfung verbindet, seid ihr in der Lage, in jenen Zustand einzutreten, der euch ein freies Reisen ermöglicht. Ihr erhaltet dann auch Zugang zu den Glyphen, die ihr zum Überwechseln in andere Welten benötigt. Das wird bei eurem Volk eine wunderbare Heilung bewirken – und auch bei uns. Es mag für euch schwer verständlich sein, aber wir sind ebenfalls geschädigt.

Näheres möchte ich dazu nicht sagen, da es ausschließlich mein Volk betrifft. Ich erwähne es nur, um dir zu zeigen, dass wir uns euch nicht überlegen fühlen, sondern uns als eure Gefährten auf einer gemeinsamen Reise betrachten.

»Du sagst, dass ihr geschädigt seid – können wir denn nichts tun, um euch zu helfen?«

Doch, das mag durchaus sein. In unserer Überlieferung heißt es, dass ein anderes Volk uns Hilfe bringen wird, wenn wir sie am Nötigsten brauchen. Auch wissen wir, dass dann, wenn alle Evolutionslinien wieder miteinander verbunden sind und alle Teile der Schöpfung harmonisch fließen, wie es vorgesehen war, unser Schmerz gelindert wird oder unsere Wunden sogar für immer geheilt werden. Es ist gut möglich, dass ihr dieses Volk seid – doch mir scheint, dass diese Zeit der Heilung noch in weiter Ferne liegt. Einstweilen genügt es, dass wir miteinander diese Gespräche führen und dass wir euch Möglichkeiten aufzeigen können, die euch bei eurer eigenen Entwicklung helfen, was euch in die Lage versetzen wird, uns eines Tages möglicherweise zu helfen.

Bedenke, dass Handlungen, die ihr in eurer Welt unternehmt, viel weitreichendere Folgen haben, als ihr es euch vorstellen könnt. Im Gewebe des Seins ist alles mit allem verbunden, und so könnt ihr, ohne es zu wollen und euch dessen bewusst zu sein, auch Dunkelheit über andere Welten bringen.

Ich stellte eine Frage, die mich bei unserem Gedankenaustausch schon länger beschäftigte: »Wenn ich dich richtig verstehe, können wir an andere Orte reisen, selbst an den, wo ihr lebt. Kannst du mir mehr über diese anderen Orte erzählen und darüber, wer dort lebt?«

Es gibt in der Tat unzählige andere Welten. Im Laufe vieler Zeitalter haben wir sie immer wieder besucht, und ihre Bewohner haben uns besucht – und euch zweifellos ebenfalls. Diese Welten können durchaus auch Orte sein, wie ihr sie euch vorstellt, vor allem handelt es sich bei ihnen aber um Seinszustände, die sich von eurem unterscheiden. Diese Seinszustände lassen sich unter bestimmten Umständen so verbinden, dass die Bewohner vom einen in den anderen überwechseln können.

Uns wurde offenbart, dass die Schöpfung viele Ebenen hat und dass wir von einer Ebene auf eine andere gelangen können – allerdings ist das viel zu simpel beschrieben, denn in Wahrheit gibt es an diesen Orten kein Gefühl von oben und unten. Zwar könnt ihr sagen, dass ihr auf eine andere Ebene ›aufsteigt‹ oder von dort ›absteigt‹, aber zutreffender ist es, dass wir uns zwischen diesen Seinszuständen, diesen Anderswelten, hin und her bewegen, ohne uns überhaupt von der Stelle zu bewegen.

Ich spürte, wie ich in einen sehr aufgeregten Seinszustand geriet, und musste ihn einfach fragen, ob wir mit dieser Art des Reisens sogar zu fremden Sternen gelangen könnten.

In dem Sinne, dass zu diesen Orten, die du meinst, eigentlich gar keine Entfernung überbrückt werden muss, beantworte ich die Frage mit einem Ja. Manche Wesen, zu ihnen zählen auch wir, können mit Leichtigkeit durch die bunten und vielfältigen Schichten reisen, denn weil in diesen Dimensionen Zeit nicht existiert, gibt es auch keine Entfernung. Damit wir uns nicht missverstehen: Ich verstehe vollkommen, was ich dir hier zu erklären versuche. Ich muss aber sagen, dass mir die Worte fehlen, um es dir zu erklären.

Wenn das wirklich dein bewusster Wunsch ist, kannst du Welten besuchen, die sich im Raum, wie ihr Entfernung messt, weiter weg befinden als jeder Stern, den ihr am Himmel sehen könnt. Deswegen betonte ich vorhin, wie wichtig eure Vorstellungskraft ist. Sie kann zu einem Vehikel für unendlich weite Reisen werden, wenn sie voll erwacht ist und ihr sie entsprechend trainiert.

»Das finde ich unglaublich aufregend. Wie können wir unsere Fantasie denn dafür trainieren?«

Das braucht Zeit. Ihr müsst lernen, euer Bewusstsein zu befreien, damit eure Vorstellungskraft sich weit über ihren heutigen Zustand hinaus entwickeln kann. Dafür gibt es bestimmte Übungen, die wir euch beibringen werden. Sie sind sehr einfach zu erlernen, aber sehr wirkungsvoll, und wenn ihr sie für eine gewisse Zeit praktiziert, werdet ihr beginnen, die Fähigkeit des gezielten Tagträumens zu entwickeln. Anfangs werdet ihr die Übung wenig spektakulär finden, aber ich verspreche dir, dass sich das nach einiger Zeit ändern wird.

»Welche Übungen sind das?«

Eine haben wir dir schon beschrieben – dein Bewusstsein für andere Seinszustände zu öffnen. Je öfter ihr das übt, desto stärker wird eure natürliche Umwelt darauf reagieren. Als Erweiterung der Übung kannst du allem, was dich umgibt, Aufmerksamkeit schenken:

dem Flug der Vögel, den ziehenden Wolken, dem Tanz der Blätter im Wind. Lausche dem Lied des Windes, dem Flüstern des Flusses, dem Gesang der Heuschrecken, summenden Bienen, krächzenden Krähen und bellenden Hunden. Wo immer ihr seid, wohin immer ihr geht, hört zu und schaut hin – und erinnert euch. In der bewussten Wahrnehmung all dieser Eindrücke findet ihr das Muster der Schöpfung, des großen Ganzen, von dem ihr ein Teil seid.

Wenn du das Geräusch hören kannst, das ein Schmetterling erzeugt, sobald er seine Flügel ausbreitet, dann kannst du das Lied deines eigenen unsterblichen Seins hören. Bald werden wir dir noch andere Übungen vorschlagen.

Einstweilen ist wichtig, dass wir dieses Gespräch fortsetzen, damit wir noch viel mehr gegenseitig von unseren Erfahrungen und Gedanken profitieren können.

An dieser Stelle beendete er das Gespräch. Ich blieb mit einem tiefen, überwältigenden Gefühl der Freude zurück. Doch ich wusste, dass ich nun Ruhe bewahren und die Gedanken an die weiteren Übungen, die er mir vorschlagen würde, beiseite schieben musste, um mir Notizen über das Gesagte zu machen und Fragen aufzuschreiben, die ich ihm am nächsten Tag stellen wollte.

Kapitel 7

Begegnung mit den Ahnen

»Wir leben in einer Welt, die wir so angemalt haben, dass sie uns höchst angenehm erscheint.«

Während ich die in den Gesprächen mit dem Sídhe empfangenen Informationen niederschrieb, las ich auch über andere unsichtbare oder innere Wesen dieser Art, einschließlich jener Naturgeister, die Devas genannt werden. Viele Menschen glauben heute, dass die Rolle dieser Devas darin besteht, für die Bedürfnisse der Erde und vor allem des pflanzlichen Lebens Sorge zu tragen. Zu Beginn unseres nächsten Treffens fragte ich daher, ob diese Wesen den Sídhe bekannt sind und was er mir über sie berichten könne.

Diese Wesen kennen wir in der Tat. So weit wir wissen, werden sie von den Pflanzenwesen nach außen projiziert, damit sie als Hüter der Pflanzen Aufgaben erfüllen, zu denen die Pflanzen selbst nicht in der Lage sind.

Sie sind wie Abbilder der spirituellen Realität jeder Pflanze. Ist eine Pflanze gesund, manifestiert sie einen Beschützer und Helfer, der für sie sorgt. Wenn sie krank ist oder abstirbt, kann sie das nicht mehr. Deshalb ist es so, wie einige von euch sagen, dass nämlich, wenn diese Wesen aktiv sind, das Leben der Pflanze sich in ihre Umwelt hinein ausdehnt. Sie wird größer und trägt mehr Früchte. Besonders Bäume besitzen mehr als einen dieser Hüter – wir glauben, dass dies der Ursprung jener Wesen ist, die in früheren Zeiten von euch Menschen als ›Dryaden‹ bezeichnet wurden.

Schon vor langer Zeit haben wir eine harmonische Beziehung mit diesen Wesen aufgebaut. Sie schenken uns Früchte, Kräuter und andere gute Dinge, die für unser Überleben unverzichtbar sind.

»Das heißt also, ihr esst?« Ich kam mir dumm vor, als ich diese Frage stellte, doch irgendwie hatte ich mir immer vorgestellt, dass diese erlauchten Wesen nicht wie wir körperliche Nahrung benötigten. Ich spürte, dass das meinen Besucher amüsierte.

Selbstverständlich. Hast du gedacht, wir bräuchten das nicht? Auch wir genießen die Früchte der Erde, allerdings essen wir kein Fleisch – denn das ist in vielerlei Hinsicht eine sonderbare und barbarische Sitte. Besonders lieben wir die Säfte bestimmter Früchte – von denen wir einige selbst auf unserem Land anbauen. Es ist eine unvergleichliche Freude, Früchte aus den Händen des Hüters des jeweiligen Baumes oder Strauches entgegenzunehmen, der diese hervorbringt.

Wir benötigen allerdings deutlich weniger physische Nahrung als ihr. Unser Körper ist so beschaffen, dass wir schon mit sehr kleinen Nahrungsmengen viel länger auskommen als euer Volk.

»Bei unserem letzten Gespräch hast du erwähnt, dass es eine große Vielfalt an Welten und deren Bewohnern gibt. Nun frage ich mich, ob die so genannten ›Außerirdischen‹, von denen bei uns in letzter Zeit so viel die Rede ist, vielleicht mit den Wesen in Beziehung stehen, die du meinst.«

Wie ich schon sagte, gibt es viele Welten, die wir kennen und zu denen wir von Zeit zu Zeit reisen. Für uns sind die Unterschiede zwischen diesen Welten nicht sehr wichtig, obwohl es sie natürlich gibt und auch die Wesen, die auf ihnen wohnen, sich vielfältig unterscheiden. Doch für uns sind sie alle Teil des Einen Geistes, der sich, wie es ihm gefällt, auf sehr verschiedene Art manifestiert.

Gewiss gibt es unter diesen anderen Spezies solche, die wie wir zwischen den Welten reisen, und das sind zweifellos jene, die von euch gesehen wurden. Es ist möglich, dass diese Wesen von euch auf eine bestimmte Art wahrgenommen wurden, die dann die Vorstellung prägte, die ihr von ihnen habt, so dass alle, die auf die ersten dieser Besucher folgten, von euch ganz ähnlich betrachtet wurden. Das hat mit dem Training eurer Sinne zu tun, das ich bereits erwähnte. Erst wenn ihr eure vorgeprägten Sichtweisen ablegt, werdet ihr klar sehen – und das gilt auch für die Erscheinungen eurer eigenen Welt.

Nehmen wir an, ihr habt vor langer Zeit etwas gesehen, dem ihr den Namen ›Baum‹ gabt. Nehmen wir nun an, dass dieses Wesen gar nicht mehr so aussieht wie damals, als ihr es zum ersten Mal saht. Wie könnt ihr nun eure Wahrnehmung so verändern, dass ihr die Realität dieses Wesens seht, das ihr ›Baum‹ nennt?

Gleichermaßen würdet ihr auch euch selbst auf deutlich andere Weise wahrnehmen, wenn ihr in der Lage wäret, die Realität eurer eigenen Inkarnation wirklich wahrzunehmen. Vielleicht würde sich dann sogar euer Aussehen verändern. Das wäre für euch ein wirklich evolutionärer Schritt. Vielleicht habt ihr diesen Schritt bereits vollzogen, seid euch dessen aber einfach noch nicht bewusst.

»Wenn das zutrifft, wie können wir dann eine solche Veränderung erkennen?«

Zunächst einmal müsst ihr euch selbst genau beobachten. Damit meine ich, dass ihr offener für die Muster werden solltet, die während der letzten hundert Jahre bei eurer Spezies entstanden sind. Sie zeigen sich in dem wachsenden Interesse an Spiritualität und der (bei vielen von euch) zunehmenden Unzufriedenheit mit dem materiellen Besitz, der für euch gemeinhin so wichtig geworden ist.

Diese Gefühle kommen nicht von ungefähr, sondern sind Teil der größeren Veränderungen, die bei euch stattfinden. Ihr seid dabei, viele der Einschränkungen eurer Wahrnehmung abzuschütteln, die euch bisher fesselten. Und das ewige Geschenk, Fragen zu stellen, macht sich jetzt, ebenso wie euer Forscherdrang, immer stärker bemerkbar.

Hinzu kommt, dass viele von euch Menschen begonnen haben, Dinge wahrzunehmen, die außerhalb der Reichweite eurer bisherigen Alltagswahrnehmung liegen. Diese wachsende Bewusstheit manifestiert sich bei euch nun viel stärker als noch vor fünfzig eurer Jahre. Wenn ihr euch aufmerksamer beobachtet, werden diese Fähigkeiten wachsen.

»Was sollen wir dabei beachten?«

Seid geduldig mit euch. Wenn ihr jeden Tag ein wenig Zeit damit verbringt, euch darauf zu konzentrieren, den euch umgebenden Schleier zu durchdringen und einen besseren Kontakt zum Gewebe allen Seins und zueinander aufzubauen, werdet ihr erleben, dass der Eine Geist euch immer stärker antwortet. Bedenke, dass du jetzt gerade ein Gespräch mit einem Wesen führst, das du nicht sehen oder hören kannst – jedenfalls nach eurem gängigen Wirklichkeitsverständnis –, und doch siehst und hörst du mich auf andere Weise. Selbst wenn es so wäre, dass du – und ich bin mir bewusst, dass du das manchmal glaubst – nur mit einem Teil deines eigenen Selbst kommunizierst, erfährst du dabei trotzdem Dinge, die bisher sehr tief in deinem Bewusstsein vergraben waren.

»Bist du denn ein Teil von mir?«

In gewissem Sinne ja. Aber nur so, wie wir alle Teil voneinander sind. In meiner Welt haben manche von uns den Wunsch, mit jenem Teil in ihnen Kontakt aufzunehmen, den man menschlich nennen kann. Doch in anderer Hinsicht existieren wir eindeutig getrennt voneinander, und ich bin kein Aspekt deines Bewusstseins, der sich von deinem alltäglichen Selbst abgespalten hat.

Alles, was ich zu dir sage, kommt aus dem tiefen Brunnen unserer Weisheit, aber sie ist auch eure Weisheit – nicht einfach, weil wir beschlossen haben, sie mit euch zu teilen, sondern weil ihr selbst begonnen habt, euch für diese Weisheit zu öffnen. Das ist es, was ich damit meine, dass ihr jenen Teil von euch wahrnehmen müsst, der schon größere Fortschritte gemacht hat. Lass es mich noch einmal wiederholen: Widmet am besten jeden Tag einen Augenblick – so viel Zeit, wie ihr dafür erübrigen könnt – dem Transzendieren jenes Rahmens, den ihr selbst als euer irdisches Bewusstsein beschreiben würdet. Das wird euch viel größere Fortschritte ermöglichen, als ihr momentan erwartet.

Beginnt, indem ihr innerlich möglichst still und ruhig werdet. Stellt euch dann vor, dass ihr eine Bewusstseinsschicht, die euch nicht länger dienlich ist, zurückschlagt wie eine Decke – werdet euch dann eurer Augen bewusst, dessen, was sie wirklich sehen. Konzentriert euch gezielt auf bestimmte Dinge – beginnt dabei mit der natürlichen Welt. Versucht, durch die Oberfläche der Erde in sie hineinzublicken. Werdet euch bewusst, was dort unten geschieht.

Widmet der Übung während vielleicht sechs oder acht Wochen täglich etwas Zeit.

Am Ende dieser Phase wird sich euer Denken daran gewöhnt haben, sich in einem größeren Rahmen zu bewegen. Nach einiger Zeit wird dieser Prozess euch in Fleisch und Blut übergehen, und mit jedem Tag werdet ihr mehr sehen.

Das ist die nächste der Übungen, die wir euch empfehlen. Praktiziert sie fleißig, dann werdet ihr schon bald die Veränderungen bemerken, die bereits jetzt stattfinden. Denkt daran, dass diese Dinge nichts

Neues sind, sondern einfach Teil eurer Evolution. Wir wollen uns nicht einmischen, sondern rufen euch lediglich die Möglichkeiten in Erinnerung, über die ihr bereits verfügt. Es ist das Geschenk unserer gegenseitigen Beziehung, dass wir das große Geschenk des Lebens miteinander teilen und einander helfen können, unseren Entwicklungsweg im großen Gewebe der Schöpfung zu gehen.

»Du sagtest, dass wir selbst möglicherweise gar nicht so aussehen, wie wir glauben. Kannst du mir beschreiben, wie wir für euch aussehen?«

Wenn wir wirklich versuchen, durch die Form hindurchzuschauen, die ihr euch selbst gegeben habt, erscheint ein Mensch uns wie eine Art Wolke aus dichter Materie. Aber in den meisten Fällen sind wir damit zufrieden, euch so zu sehen, wie ihr uns erscheint, wenn wir so miteinander kommunizieren wie wir beide gerade – und das entspricht dann im Großen und Ganzen dem Bild, das ihr von euch selbst habt, ergänzt durch ein paar zusätzliche Qualitäten eurer energetischen Basis. Die können wir wahrnehmen, weil wir mit diesem Aspekt eures Wesens stärker verbunden sind als mit allen anderen.

Es ist gut möglich, dass weder ihr noch wir letztlich eine feste Gestalt besitzen, sondern dass das, was wir wahrnehmen, auf der Tätigkeit unserer Sinne beruht, die interpretieren, was wir in der Sphäre unseres unmittelbaren Seins sehen und empfinden. Wir leben in einer Welt, die wir so angemalt haben, dass sie uns höchst angenehm erscheint. Könnte man also nicht sagen, dass wir uns selbst erschaffen wie Kunstwerke?

»Ich glaube, dass in unserer Spezies vielen eine solche Idee Unbehagen bereiten würde.«

Mag sein. Doch wenn ihr in der Kette des Seins den nächsten Schritt gehen wollt, lässt es sich nicht vermeiden, dass ihr den Grenzen entkommt, die euch von der äußeren Erscheinung der Dinge auferlegt wird. Habt ihr euch einmal an eine solche erweiterte Perspektive gewöhnt, werdet ihr allmählich die wahre Natur des Seins besser erkennen und verstehen.

Eine weitere Möglichkeit, diese Veränderung in Gang zu setzen – die vierte Methode, die wir euch vorstellen –, besteht darin, euer Traumbewusstsein darin zu schulen, jene Orte zwischen den Welten aufzusuchen, an denen ihr euch anderer Seinszustände bewusst werden könnt. Das wird euch helfen, euren eigenen Zustand besser zu verstehen. Wie ihr wisst, träumt ihr alle, und ihr könnt euch beibringen, euch an diese Träume zu erinnern.

Auch könnt ihr lernen, im Traum in andere Dimensionen zu reisen. Stellt euch vor dem Einschlafen für einen Moment vor, ihr seid in einer riesigen Höhle, größer als der Ort, an dem wir beide uns zum ersten Mal trafen, und dass es dort viele Ausgänge gibt. Alles wird von sanftem Licht erhellt, so dass es keine Schatten gibt. Entscheidet euch für einen Ausgang und geht durch den dahinterliegenden Tunnel, während ihr in den Schlaf hinübergleitet. Oft werdet ihr dann Glyphen sehen, die dort in die Wände eingraviert sind – sie sollen euch helfen, euch daran zu erinnern, welchen Weg ihr gewählt habt zu dem Ort, an den der Tunnel jeweils führt. Wir benutzen diese Wege schon seit sehr langer Zeit für unsere Reisen.

»Also ist das ein realer Ort?«

Er besitzt eine Realität außerhalb des Traumzustandes, aber sein wahrer Wert liegt darin, dass dieser Ort die Realitäten miteinander verbindet, in die ihr in euren Träumen reist. Stellt ihn euch als Hilfsmittel vor, um euer imaginäres Selbst zum nächsten Schritt eurer evolutionären Entdeckungsreise zu lenken.

»Muss ich das so verstehen, dass ihr auch träumt?«

Wir haben schon immer geträumt, aber vor langer Zeit gelernt, diese Fähigkeit zu nutzen, um Reisen zu unternehmen. Das träumende Selbst ist eine Emanation des Einen Geistes. Alle erschaffenen Wesen träumen, und in gewisser Weise nehmen wir ihre Träume als Teil unserer Wirklichkeit wahr.

»Heißt das denn nicht, dass das ganze Leben ein Traum ist?«

Nein. Aber Aspekte dessen, was ihr und wir Realität nennen, ähneln der Traumwelt, in die wir reisen können, während wir schlafen. Dieser Aspekt der Realität ist ein Ort großer Fülle, als sei die Luft dort besonders sauerstoffreich. Das hat eine positive Wirkung.

Wir sind also beide in der Lage, uns weiterzuentwickeln und die wahre Natur des Universums immer besser zu verstehen. Tatsächlich schlafen wir Sídhe nur kurz, weswegen wir nie lange träumen. Doch wenn wir träumen, sind damit stets spezifische Ziele verbunden.

Das könnt ihr auch lernen. Wenn ihr die Übung mit den Höhlenausgängen oft praktiziert – und Höhlen regten ja immer schon eure Fantasie an –, werdet ihr feststellen, dass ihr mit der Zeit eure Fähigkeit zu bewussten Traumreisen beträchtlich entwickeln könnt.

»Aber welchen Wert haben denn Reisen zu diesen anderen Orten, zumal im Schlaf?«

Der Wert besteht darin, dass es euch hilft, über die engen Grenzen eures jetzigen Bewusstseins hinauszublicken. Wenn ihr euch eures Platzes im großen Gewebe der Schöpfung stärker bewusst werdet, werden viele eurer heutigen Sorgen euch viel weniger zu schaffen machen. Das wird euch in die Lage versetzen, Fortschritte in eurer Evolution zu machen und zur Harmonie der Schöpfung zurückzufinden. Zudem werdet ihr auf euren Traumreisen anderen Spezies begegnen, von denen ihr viel lernen könnt – doch das ist letztlich weniger wichtig als eure Rückkehr zur Harmonie allen Lebens.

Falls ihr befürchtet, bei diesen Traumreisen Wesen zu begegnen, die stärker als ihr seid und euch Schaden zufügen wollen, können wir euch beruhigen. Wir haben bei unseren eigenen Reisen beobachtet, dass nur Wesen von ähnlichem Evolutionsstand einander begegnen können.

Macht euch außerdem klar, dass in diesem Traumzustand keine physischen Ereignisse auftreten. Euer inneres Selbst kann beobachten, lernen und seine Bewusstheit erweitern, ohne dass ihr dabei Schaden nehmt. Ich sage das jetzt, weil ich schon ahne, dass dies deine nächste Frage sein wird.

Bei diesen Worten lächelte er so warmherzig, dass bei mir nicht das Gefühl aufkam, er wolle mich seine Überlegenheit spüren lassen.

Mir kam in dem Moment nur eine Frage in den Sinn: »Was du mir gerade beschrieben hast, lässt darauf schließen, dass die Evolution der Schöpfung durch bestimmte Prinzipien geregelt wird. Ist das nach euren Beobachtungen der Fall?«

Zweifellos existiert im Universum ein bestimmtes Maß an Organisation. Ohne diese Ordnung würde das Universum untergehen – davon sind wir seit vielen Zeitaltern überzeugt. Wir haben jedoch keine Hinweise darauf, dass ein zentrales Wesen existiert, das man den Schöpfer nennen könnte. Aber letztlich sind alle diese Vorstellungen subjektiv, nicht wahr?

Wir alle nehmen das Universum auf jeweils einzigartige Weise wahr, doch wenn wir zusammenkommen, sehen wir das, was unser vereinigtes Bewusstsein zu sehen wünscht. Oft geben wir unserer Art, die Welt zu betrachten, dann eine Form, die sich zu einem Bild verfestigt, das von da an Teil unseres Bewusstseins wird.

Daher glauben wir, wie ich zuvor bereits sagte, dass wir uns selbst nicht immer so sehen, wie wir wirklich sind, sondern wie wir früher einmal waren, weil unser Bewusstsein nicht in der Lage ist, sich schnell genug zu verändern, um mit der Entwicklung des Einen Geistes Schritt zu halten. Das bleibt ein Mysterium, aber wir glauben, dass unsere beiden Völker in naher Zukunft zu neuen Erkenntnissen, zu einem besseren Verständnis der Zusammenhänge, gelangen werden.

Mein Besucher schwieg einen Moment, und ich glaubte schon, unser heutiges Gespräch sei beendet. Aber dann begann er noch einmal zu sprechen:

Sicher erinnerst du dich, dass ich sagte, wie wichtig die Weisheit der Vorfahren ist. Die Art und Weise, wie wir das Universum wahrnehmen, wird durch die Erinnerungen unserer Vorfahren geprägt – das ist bei uns genauso der Fall wie bei euch. Vielleicht ist es bei uns sogar noch ausgeprägter, weil wir unsere Geschichte nicht schriftlich aufzeichnen, sondern es vorziehen, uns an das Wissen zu erinnern, das tief in uns gespeichert ist. Doch die Ahnen, und zwar jene, die auf dieser Ebene – wie ihr es nennt – inkarniert waren, ebenso wie jene, bei denen das nie der Fall war, sind die allen zugängliche Quelle der Erinnerung an alles, was uns zu dem gemacht hat, was wir heute sind.

Für euch geht es darum, dass ihr euch alles Vergangenen bewusst werdet und ein Gespür für das entwickelt, was in Zukunft geschehen wird. Das mag für euch schwer zu verstehen sein, aber wenn ihr euch achtsam nach innen wendet und intensiv über Vergangenheit und Zukunft, über die Natur der Zeit und die Gestalt des Kosmos nachdenkt, werdet ihr, davon bin ich überzeugt, erkennen, dass es so ist.

Während er sprach, oder eigentlich erst unmittelbar danach, als er vor meinen Augen dahinschwand und verblasste, hatte ich ein Erlebnis, das ich bis heute nur schwer beschreiben kann. Es war, als würde ich mir einer sehr, sehr langen Reihe anderer Individuen bewusst – diesmal nicht Sídhe, sondern Menschen in enormer Zahl. Ich konnte sie nicht so deutlich sehen, wie ich es mir wünschte, aber ich hatte den Eindruck, dass sie aus allen Epochen der Menschheit stammten und alle in irgendeiner Weise zueinander in Bezug standen – und zu mir.

Mir wurde klar, dass ich die Präsenz dieser Menschen schon bei anderen Gelegenheiten gespürt hatte: Bei meinen Besuchen bestimmter historischer Stätten hatte ich, wie schon erwähnt, das Gefühl gehabt, geradezu die Stimmen jener hören zu können, die in früheren Zeiten dort gelebt hatten. Diesmal war dieses Gefühl stärker als jemals zuvor. Und mir wurde noch etwas anderes bewusst – diese

Menschen stammten nicht nur aus der Vergangenheit, sondern auch aus unserer Zukunft.

Ich bin mir nach wie vor nicht sicher, woher ich das wusste, aber selbst heute noch, wenn ich mich an das Erlebnis erinnere, kann ich spüren, welche Kontinuität zwischen diesen Wesen bestand. Sie waren, ganz wie mein Besucher gesagt hatte, weit mehr als die Vorfahren einer Familie, also persönliche Blutsverwandte – sie waren gewissermaßen *die Ahnen*, und sie waren die Hüter der Erinnerung an alles, was jemals geschah und geschehen wird. Ich habe schon öfter gehört, dass die Zeit eigentlich im Kreis verläuft. Ich habe keine Ahnung, ob das wirklich zutrifft, aber wenn das, was ich an jenem Tag sah und fühlte, wahr ist, dann sind Vergangenheit und Zukunft auf jeden Fall irgendwie miteinander verbunden – wobei es sich diesbezüglich, wie der Sídhe schon mehrfach betont hatte, um subjektive Zustände handelt.

Wie dem auch sei, diese Begegnung mit den Ahnen hat mich zutiefst bewegt. Sie hat mich verändert. Wohin ich auch gehe, wie immer mein künftiges Leben aussehen mag, ich werde mir der Gegenwart dieser Wesen stets bewusst sein, die gerade in der heutigen Zeit so wichtig für uns sind.

Kapitel 8

Gefährten

»Alle Geschöpfe sangen ihr eigenes Lied.
Sie sangen sich selbst ins Dasein.«

Inzwischen konnte ich es kaum mehr erwarten, die Visualisierungsmethode anzuwenden, die der Sídhe mir empfohlen hatte – und mein Bewusstsein auf einen Wachtraum zu programmieren, in dem ich eine Höhle besuchte, die ein Knotenpunkt zwischen den Welten war.

Ein paar Stunden nach unserem Gespräch beschloss ich, es auszuprobieren. Ich hängte ein »Bitte nicht stören«-Schild an die Tür meines Arbeitszimmers und schloss sie. So mache ich es immer, wenn ich arbeite. Meine Familie ist daran gewöhnt. Dann setzte ich mich auf einen Stuhl mit gerader Lehne (ich war mir nicht sicher, ob ich bei der Übung einschlafen sollte, wollte das aber nicht zusätzlich fördern). Ich stellte mir eine riesige Höhle vor, mit Ein- und Ausgängen, die in alle Richtungen führten. Ich fragte mich, welche Glyphen ich wohl sehen würde. Und während ich noch darüber nachdachte, glitt ich von einem Bewusstseinszustand hinüber in einen anderen, fand mich plötzlich in der Höhle wieder – sie hatte wirklich gewaltige Dimensionen – und starrte auf eine Öffnung zu einem Gang. Auf der Wand des Ganges war ein annähernd diamantförmiges Muster angebracht. Es ragte erhaben aus der Wand heraus.

Als ich es ansah, überkam mich ein sonderbares Gefühl, als würde ich mich vorwärtsbewegen, während ich mich gleichzeitig nicht von der Stelle rührte. Das dauerte einen kurzen Moment, und dann befand ich mich ganz plötzlich an einem anderen Ort!

Vor mir lag ein riesiger Ozean. Kleine Wellen berührten sanft meine Füße. Ich blickte hinaus auf dieses Meer und beschirmte meine Augen mit der Hand gegen ein helles, aber diffuses Licht. Ein kleines Boot näherte sich auf der ruhigen Wasseroberfläche. Als es näherkam, sah ich darin eine Frau von großer überirdischer Schönheit stehen. Ich dachte, dass sie ein wenig meinem Sídhe-Besucher ähnelte. Doch als sie dann ihre Hand ausstreckte und mich einlud, zu ihr in das Boot zu steigen, setzte mein Denken aus. Ich kann bis heute nicht mit Sicherheit sagen, was dann geschah. Das Boot entfernte sich vom Strand und glitt mit hoher Geschwindigkeit über das Meer. Währenddessen sprach die Frau mit mir. Sie sprach über mein Leben – sie war offenbar bestens über mich informiert – und meine Hoffnungen und Träume für die Zukunft.

Ich muss gestehen, dass ich nicht genau weiß, was sich weiter ereignete. Hinterher hatte ich bruchstückhafte Erinnerungen, dass ich mit der Frau eine schöne Insel besuchte. Wir gingen dort eine Weile umher und unterhielten uns. Dann, kurze

Zeit später, befanden wir uns wieder auf dem Boot. Ich wurde an den Meeresstrand zurückgebracht. Vor mir erblickte ich einen Höhleneingang. An der Wand der Höhle sah ich das Diamantmuster vom Beginn meiner Reise. An den Rest erinnere ich mich nur noch vage.

Ich erwachte und fand mich auf dem Stuhl sitzend wieder. Ein Gefühl so grenzenlosen Wohlbefindens erfüllte mich, dass ich es mit Worten nicht beschreiben kann. Das ganze Erlebnis kann nicht länger als fünfzehn bis zwanzig Minuten gedauert haben, doch für mich fühlte es sich an, als wären Stunden oder gar Tage vergangen. Ich hatte eine sehr beschwingte Empfindung, und als ich anschließend einen Spaziergang machte, war mir, als würden meine Füße geradezu über den Boden schweben.

Seit dieser Zeit sind immer wieder Fragmente meiner Traumreise plötzlich in mir aufgestiegen – einmal stand ich fast fünf Minuten vor einem Regal im Supermarkt und sah mich, wie ich über den Rand des Bootes in klares Wasser von unergründlicher Tiefe blickte.

Seitdem habe ich die Höhle einige Male besucht, und stets erlebte ich dabei wundersame Abenteuer, die mein Wissen über mich selbst und meine Welt enorm vertieften. Hier haben wir nicht den nötigen Raum, um darüber zu berichten. Aber diese Erfahrungen zeigen, wie wirkungsvoll die uns von den Sídhe empfohlenen Übungen sind.

Bei unserem nächsten Treffen ein paar Tage später berichtete ich meinem Besucher von dem Erlebnis und fragte, ob er den Ort kannte, an den ich gereist war, und ob es sich bei der Frau um eine Sídhe gehandelt hatte.

Dieser Ort, den du beschreibst, ist uns Sídhe wohlbekannt. Wir nennen ihn ›das uferlose Meer‹, denn wir kennen niemanden, der je ans andere Ufer gelangte. Wir glauben, dass es ein Ort zwischen den Welten ist, vielleicht so ähnlich wie der Sternenhimmel, in dem die Erde hängt. Die Frau, der du begegnet bist, gehört nicht zu unserem Volk. Aber wir kennen sie, und nach unserem Verständnis ist sie eine Göttin. Was immer sie in deinen Augen auch sein mag, jedenfalls ist sie außerordentlich weise – was du ja offensichtlich schon herausgefunden hast. In den Welten jenseits dieser kannst du vielen solcher Wesen begegnen. Ich rate dir ausdrücklich, dort oft auf Entdeckungsreise zu gehen. Diese Reisen sind völlig gefahrlos und werden dir viele erleuchtende Erfahrungen bescheren.

»Ist das also die Natur aller Götter und Göttinnen – dass sie Träger großer Weisheit sind?«

Es hängt sehr davon ab, wie du als Individuum solche Wesen betrachtest – und wie sie sich dir zeigen wollen. Ich habe schon gesagt, dass wir in der Lage sind, unsere Erscheinung zu verändern – doch diese Wesen sind älter als wir und verfügen über weitaus größere Fähigkeiten. Trotzdem müssen sie, wenn sie mit deiner Spezies kommunizieren, zu einem gewissen Grad auf die Informationen zurückgreifen, die in eurem Bewusstsein gespeichert sind. Manchmal jedoch gelingt es ihnen, eure vorgefassten Wahrnehmungsschranken zu durchbrechen und euch so zu erscheinen, wie sie selbst gerne gesehen werden wollen. Wenn dir das zuteil wird, ist es ein rares, kostbares Geschenk, denn ihre wahre Erscheinung ist von unvergleichlicher Schönheit.

»Ich weiß nicht so recht, wie ich diese Frage formulieren soll, aber mir ist aufgefallen, dass in fast jedem Fall, wenn wir in Kontakt mit solchen Wesen treten – Wesen, zu denen ja auch du gehörst –, Wissen übermittelt wird, das uns in unserer Situation weiterhelfen soll. Warum sind wir für sie – für euch – so interessant?«

Da lächelte mein Besucher.

Du fragst dich, ob wir nicht alle einfach ein Produkt eures eigenen Bewusstseins sind, da wir ja so viel über euch wissen – aber bedenke, dass wir euer Volk seit langer, langer Zeit studieren. Wie ihr lebt und euch verhaltet ist für uns von Interesse, weil es sich auf unser Leben auswirkt. Ich sagte ja schon, dass euer Handeln auch für uns Folgen haben, ja sogar bedrohlich werden kann, obwohl wir glauben, dass ihr letztlich euren Weg zu Weisheit und Erkenntnis finden werdet.

Deshalb sind viele gerne bereit, euch zu helfen – und dazu gehören auch jene alten, weisen Wesen, die ihr Götter nennt. Dein Volk hat der Beschäftigung mit der Natur dieser Wesen so viel Zeit und Aufmerksamkeit gewidmet, dass sie heute einen großen Teil eurer inneren Welt bilden.

Wir haben vor langer Zeit diese Art der Bewusstheit für die Natur der Schöpfung in unser eigenes Selbst integriert. Man könnte sagen, dass wir die Götter zu einem Teil von uns gemacht haben, aber dir diesen Prozess zu beschreiben ist zu schwierig für mich, denn dafür wisst ihr noch zu wenig. Der Tag wird kommen, an dem ihr in der Lage sein werdet, diese Dinge zu verstehen, und dann werden wir uns darüber austauschen können.

Einstweilen müsst ihr unter anderem lernen, auf neue Art zu denken – oder vielleicht sollte ich besser sagen: auf ältere Art. Vor langer Zeit seid ihr mit eurem Denken nämlich vom richtigen Kurs abgekommen.

Ihr habt Ideen hierarchisch geordnet und lasst sie in Reih und Glied marschieren wie Soldaten. Das nennt ihr Logik. Aber, um die Wahrheit zu sagen, ihr müsst lernen, eure Gedanken in alle Richtungen zugleich fließen zu lassen, so dass sie zu allem in Beziehung treten, statt nur zu den Aspekten, die ihr vernünftig nennt. Die Vernunft kann eure größte Feindin sein, wenn sie von euch verlangt, euch vor anderen Denkweisen zu verschließen. So steht euer Beharren darauf, euch von der übrigen lebendigen Welt abzuspalten und euch stattdessen in einer mechanischen Sichtweise zu verlieren, dem wahren Fortschritt eurer Spezies im Weg. Nur indem ihr eure Denkmuster wieder frei fließen lasst, könnt ihr in jenen euch wirklich angemessenen Seinszustand gelangen, der euch immer schon bestimmt war.

Ich war mehr als nur ein wenig von diesen Worten des Sídhe und der Erfahrung meiner Traumreise überwältigt. Aus diesem Grund beendete ich an diesem Tag das Gespräch frühzeitig, und dann führte mich meine Arbeit wieder weg von zu Hause – diesmal zu einer Konferenz in Finnland. Dort unternahm ich mehrere Wanderungen, bei denen ich mich an der Schönheit der zahleichen Seen und Wälder in der Umgebung der Hauptstadt Helsinki erfreute. Zwar waren diese Eindrücke nicht so unmittelbar und machtvoll wie meine früheren Begegnungen mit der natürlichen Welt, doch bestärkten sie mich trotzdem in meinem stetig wachsenden Gefühl der Verbundenheit mit meiner Umwelt.

Das löste in mir ein Nachdenken über die Sídhe und ihr Verhältnis zu ihrer eigenen Welt – und unserer – aus. Trotz der Informationen über ihre Geschichte und ihre Beziehung zu unserer Spezies, die ich bereits von meinem Besucher erhalten hatte, verspürte ich den Wunsch, dieses Thema weiter zu vertiefen. Mein Gesprächspartner war bereits auf verschiedene diesbezügliche Aspekte eingegangen, aber mir kamen nun weitere Fragen in den Sinn, die ich ihm gerne stellen wollte.

Also arbeitete ich mich nach meiner Rückkehr zügig durch die Post, die sich auf meinem Schreibtisch auftürmte, und dann setzte ich mich vor die Glyphe, die an der Wand hing. Als mein Besucher erschienen war, bat ich ihn, mir mehr über das Leben der Sídhe zu erzählen, und ich fragte ihn, ob sie so etwas wie eine Religion hatten.

Ich werde versuchen, deine Fragen zu beantworten, auch wenn das sehr umfangreiche Themen sind und zudem weit weniger wichtig ist, als du denkst. Was unsere Lebensweise angeht, beschäftigen wir uns, wie ihr, viel damit, die Natur des Universums zu erforschen. Das, was ihr Wissenschaft nennt, gibt es bei uns nicht – aber es gibt jene von uns, die den Kosmos ergründen und herauszufinden versuchen, wie er strukturiert ist und arbeitet. Man kann also wohl durchaus sagen, dass die Beschäftigung mit diesen Fragen unsere Wissenschaft ist und dass der Kern unserer Spiritualität der Glaube an den Einen Geist ist, der alles beseelt.

In früheren Zeiten war unser Glaubenssystem komplizierter, aber nach und nach haben wir es vereinfacht, so dass davon heute fast nur noch diese zentralen Anliegen übrig sind, die ich dir gerade beschrieben habe.

Einst gab es in unserem Volk viele verschiedene Stämme, die sich auch äußerlich unterschieden – du kannst sie dir als Unterarten unserer Spezies vorstellen. Deren Existenz ist die Grundlage für viele eurer Geschichten über uns, die bei euch für einige Verwirrung sorgten. Erzählungen über Feen, Zwerge, Kobolde, Elfen und dergleichen sind von dem hergeleitet, was ihr bei Besuchen in unserem Reich erlebt habt. Als wir uns tiefer in die inneren Welten zurückzogen, haben wir uns selbst immer mehr vereinfacht.

Das mag für euch schwer zu verstehen sein, aber es ist, als würden sich bei euch die Unterschiede zwischen euren, wie ihr es nennt, Ethnien immer weiter verwischen, bis ihr auch äußerlich wie ein einziges Volk erscheint – wir selbst betrachten uns heute einfach als die Sídhe, doch zugleich sind wir auch weiterhin viele ganz individuelle Wesen. Wir haben die Matrix der Schöpfung sehr tief erforscht, was uns in die Lage versetzte, uns selbst weiterzuentwickeln und uns genetisch zu vereinfachen. Dies geschah von innen heraus. Es ermutigte uns dazu, unserem inneren Selbst eine viel größere Aufmerksamkeit zu widmen. Sehr wahrscheinlich wird eure Spezies in Zukunft den gleichen Weg beschreiten. Doch bis dahin werden noch mehrere eurer Jahrtausende vergehen.

»Ihr habt also selbst, von innen, euer Aussehen verändert?«

In der Tat. Das ist der Grund, warum, während in eurer Welt die Zeit verging, die Vielfalt unserer äußeren Erscheinungsformen abnahm und die von mir eben aufgezählten Varianten immer seltener von euch gesehen wurden. Heute hört man bei euch nur noch selten, dass jemand einen Gnom oder einen Kobold gesehen hat. Das geschieht nur noch, wenn jemand von euch, dem wir uns zeigen, sich dafür entscheidet, uns in einer dieser Gestalten sehen zu wollen.

Meistens erscheinen wir euch in der Form, in der du mich jetzt siehst. Aber, wie ich schon erklärte, können wir auch andere Formen annehmen.

»Was ist mit der Welt, in der ihr lebt? Du hast gesagt, dass du sie mir nicht zeigen kannst. Aber kannst du sie beschreiben?«

Wir leben in einer flüssigen Welt, einem Ort ständiger Bewegung, einem Ort der Lieder. Ihr verbringt viel Zeit damit, Musik zu machen – doch für uns ist das eine sehr ernsthafte Beschäftigung, kein bloßer Zeitvertreib. Es ist ein ganz konkreter Teil unserer schöpferischen Aktivität. Wir haben gelernt, mit Hilfe der Musik Leben zu erschaffen.

Jedoch sind unsere Fähigkeiten begrenzt, verglichen mit dem Großen Lied, durch das, wie wir glauben, das Universum erschaffen wurde.

»Ich glaube, davon habe ich schon gehört. Mich würde interessieren, wer eurer Ansicht nach dieses Schöpfungslied gesungen hat?«

Kein einzelnes Wesen, und auch nicht mehrere Wesen gemeinsam. Das ist schwer zu beschreiben, aber vielleicht könnte man sagen, dass die gesamte Schöpfung ihr eigenes Lied sang und sich dadurch selbst manifestierte? Mir fehlen die Worte, um dir das näher zu erklären.

»Mich fasziniert, dass ihr, wie du sagst, in einer flüssigen Welt lebt. Wie ist das im Kontext des Universums möglich – jedenfalls im Universum, wie wir es beobachten?«

Du musst bedenken, dass wir zwar den gleichen Raum bewohnen wie eure Spezies, dass er für uns aber auf andere Art existiert. Auf der elementaren Ebene unterscheidet sich unsere Welt sehr stark von eurer. Wir sind in der Lage, in einem anderen Seinszustand als ihr zu existieren, und es herrschen hier andere Bedingungen als in eurer Welt. Ich meine damit nicht, dass wir unter Wasser leben, sondern dass unsere ganze Welt sich in ständiger fließender Bewegung befindet. Wir haben eine Gestalt, aber sie ist nicht starr festgelegt. Deshalb haben wir uns über große Zeiträume so wenig verändert, außer dass wir uns selbst vereinfacht haben, was unsere Wesenszüge und äußeren Merkmale betrifft. Deshalb können wir auch auf jeder Ebene in eurer Welt erscheinen, physisch und spirituell, so dass ihr uns sowohl mit euren Sinnen wie auch im geistigen Bereich wahrnehmen könnt.

Ich muss zugeben, dass ich das ziemlich verwirrend fand. Während ich mich bemühte, seine Antworten richtig aufzuschreiben, spürte ich, dass es uns beiden zunehmend schwerer fiel, den Kontakt aufrechtzuerhalten.

Es war, als würde dadurch, dass wir tiefer in die wahre Natur der Sídhe eindrangen, die Verbindung zwischen uns geschwächt. Ich kann nur vermuten, dass das entweder an meinem Unvermögen lag, das Gesagte zu begreifen (was für uns beide frustrierend war), oder daran, dass in gewisser Weise die Welten der Sídhe und der Menschen wie Öl und Wasser sind – sie lassen sich einfach nicht vermischen.

Da ich das Gefühl hatte, dass uns das nicht weiterbrachte, stellte ich ihm eine andere Frage: »Ich weiß, dass euer Name ›Volk des Friedens‹ bedeutet. Kannst du mir etwas darüber sagen, wie wir in unserer Welt mehr Frieden schaffen können?«

Dazu möchte ich dir Folgendes sagen: Der wahre Wunsch nach Frieden muss aus einem tieferen Brunnen kommen als aus dem einfachen Bedürfnis eines Anführers oder Stammes, stärker als die anderen zu werden. Wir haben während vieler Zeitalter beobachtet, wie ihr Kriege führt und Frieden schließt, und keiner dieser Friedensschlüsse war von Dauer. Ihr brecht so leicht Kriege vom Zaun wie ihr euch ineinander verliebt, und bei beidem redet ihr endlos über eure Beweggründe.

Das mag ungerechtfertigt hart klingen, aber es ist einfach eine Beobachtung. Ich wiederhole, dass das Bedürfnis nach Frieden aus einer tieferen Ebene kommen muss, aus jenem Ort in euch, wo der Eine Geist eure Entscheidungen leitet. Wir sind überzeugt, dass die meisten eurer Anführer auf diese Botschaft mit Spott reagieren würden. Wie viele von ihnen wären denn schon bereit, zu meditieren und sich nach innen zu wenden, um einander auf der Ebene des Einen Geistes zu begegnen und dort nach Verständigung zu streben? Doch wahren Frieden kann man nur auf dieser inneren Ebene schließen.

In mir formte sich bereits eine neue Frage, während ich ihm zuhörte. Als er schwieg, sagte ich: »Wenn ich dich auf diese Weise sprechen höre, fühlt sich das irgendwie anders an als die Gespräche, die wir davor hatten. Manchmal habe ich den Eindruck, dass, obwohl du immer der Gleiche zu sein scheinst, eigentlich mehrere Sídhe zu mir sprechen. Ist das so?«

Mein Besucher lächelte.

In gewisser Weise hast du bei all unseren Begegnungen alle Sídhe gemeinsam sprechen hören. Obwohl wir eigenständige Wesen sind, teilen wir nämlich alle einen Bereich unseres Bewusstseins miteinander, und dort denken wir gemeinsam. Man könnte sagen, dass unser Bewusstsein miteinander verbunden ist, genau wie unsere beiden Spezies durch das große Gewebe der Schöpfung miteinander verbunden sind. So hörst du manchmal diesen Sídhe sprechen und manchmal jenen. Doch in vieler Hinsicht sind wir alle eins. Wir existieren als Einzelwesen und bilden gleichzeitig eine große Gemeinschaft.

»Werden wir uns auch in diese Richtung entwickeln?«

Das ist möglich, ich glaube aber, dass euer Evolutionsfaden in eine andere Richtung gesponnen wird. Bei dem, was ich dir erzählt habe, geht es vor allem um eure Beziehungen untereinander, zu der Umwelt, in der ihr existiert, und zu anderen Spezies, zum Beispiel den Sídhe. In gewisser Weise seid ihr bereits mit allem verbunden. Diese Verbindungen sind also schon da, können aber stärker, näher werden. Ich glaube jedoch nicht, dass ihr je so viel Verbundenheit erleben werdet wie wir.

Nun stellte ich eine Frage, die mich schon länger beschäftigte: »Du hast gesagt, dass der Zustand vor der Geburt und der Zustand nach dem Tod sich unterscheiden. Kannst du das näher erklären?«

Das sagte ich in der Tat. Der Grund ist, dass es sich um einen Prozess der Weiterentwicklung handelt. Wir kommen von einem Ort außerhalb in diese Zone, die wir Welt nennen, und der Ort, zu dem wir danach reisen, ist wiederum ein anderer.

Wir waren dort und kennen alle drei Orte. Wir sind uns außerdem sicher, dass es noch weitere Seinszustände gibt, sowohl vor als auch nach den uns Bekannten. Wir wissen nicht, wie diese beschaffen sind, aber viele von uns glauben, dass uns zahlreiche Tore offenstehen. Der Weg zwischen diesen Toren mag lang sein – oder kurz. Gewiss ist aber, dass unsere Entwicklung nicht durch Wiederholung erfolgt – das, was ihr Reinkarnation nennt –, sondern durch die Weiterreise zu immer neuen Entwicklungsstufen – ein Prozess, der möglicherweise niemals endet. Wir konzentrieren uns auf die jeweilige Etappe der Reise, haben aber keine Ahnung, wohin sie führt – vielleicht reden wir uns zur eigenen Beruhigung ein, dass wir das Ziel kennen, aber wirklich wissen können wir es erst, wenn wir ankommen.

So betrachten wir jedenfalls jenen Prozess, den Menschen und Sídhe Leben nennen.

Wir sehen darin den Grund dafür, dass ihr jene Seinszustände fürchtet, die ihr Vergangenheit und Zukunft nennt. Und diese Angst bewirkt, dass ihr eure Gegenwart nicht gern in einem klaren Licht seht. Ihr sagt: ›Das war früher.‹ Oder: ›So wird es in Zukunft sein.‹ Lernt, stattdessen zu sagen: ›So sind die Dinge.‹ Oder: ›Das hat sich noch nicht verändert.‹ Damit ladet ihr Vergangenheit und Zukunft in eure Gegenwart ein, so dass daraus ein nahtlos ineinander übergehendes Gewebe entstehen kann.

Der große Vorteil besteht darin, dass dann alle Weisheit, alles Wissen, das war, ist und sein wird, hier und jetzt für euch zugänglich ist. Das gehört ebenfalls zu den Dingen, für die ihr euch unbedingt öffnen solltet, damit ihr echte Fortschritte hin zu eurem wahren Seinszustand macht.

An diesem Punkt spürte ich, dass meine Gespräche mit den Sídhe sich dem Ende zuneigten. Woher ich das wusste, kann ich nicht sagen, denn er hatte nichts dergleichen geäußert, und ich hatte noch genauso viele Fragen wie zu Beginn. Ich entschied, die Sache offen anzusprechen: »Ich habe das Gefühl, dass unser Dialog dem Ende zugeht. Ist das richtig?«

Ja, so ist es. Das Fließende in unserer Natur bewirkt, dass wir diese Verbindung zwischen unseren Welten nicht mehr lange aufrechterhalten können.

Wir möchten euch aber noch eine weitere Übung zur Schulung eures Bewusstseins empfehlen, bevor wir unseres Weges gehen. Diese Technik wird es euch ermöglichen, Führung und Rat von Wesen zu empfangen, die uns ähneln, aber in der Lage sind, wesentlich länger als wir mit euch in Kontakt zu bleiben. Es gibt auch in eurer eigenen Spezies Lehrer, die auf diese Weise unterrichten. Wir möchten euch zeigen, wie ihr diesbezüglich zusätzliche Unterstützung erhalten könnt.

Ich habe schon von dem großen Gewebe der Schöpfung gesprochen, das alle Lebewesen miteinander verbindet. Es ist von entscheidender Bedeutung, dass ihr lernt, wie ihr mit dieser Struktur, die uns alle verbindet, in Kontakt treten könnt. Tatsächlich leben zwischen den Welten viele Wesen, die von dort mühelos in eure und in viele andere Welten reisen können.

Viele von ihnen verfügen über die Fähigkeit, Spezies wie die eure zu unterrichten und anzuleiten, damit ihr lernt, mit dem Einen Geist in Kontakt zu treten, so, wie er sich jeweils manifestiert. Wenn ihr euch hinsetzt und euch auf das Gewebe der Schöpfung konzentriert, sei es mit Hilfe der Glyphe oder mit jeder anderen euch angenehmen Methode der inneren Einstimmung, werdet ihr nach kurzer Zeit die Gegenwart von Wesen spüren, die sich manifestieren möchten. Das können sie nur, wenn ihr euer Bewusstsein so fokussiert, wie ich es euch beschrieben habe. Wenn ihr ihnen eure Aufmerksamkeit zuwendet, werdet ihr merken, dass sie eine festere Gestalt annehmen, auch wenn sie in Wirklichkeit nur wie zarter Nebel in der Luft sind, so also, wie ich dir für kurze Zeit erschienen bin.

Manchmal werden sie in Tiergestalt erscheinen oder als Wesen aus eurer Mythologie. Aber ihr werdet sie an ihren Absichten erkennen. Diese Absichten werden sich für euch wie eine sanfte Wärme anfühlen, die von ihnen zu euch strömt. Diese Wesen meinen es nur gut mit euch und werden euch niemals belügen, wenn ihr sie nach ihren Absichten fragt. Mit ihnen könnt ihr zu vielen Orten in der Anderswelt reisen, die, was euer Raumverständnis angeht, fast unendlich ist. Seid ihr euch dieser Wesen einmal bewusst, könnt ihr auf Entdeckungsreise gehen – so wie es eurer Natur entspricht – und mehr über die verborgenen Verbindungen zwischen euch und dem großen Gewebe der Schöpfung herausfinden.

Vor allem möchte ich noch einmal betonen, was ich während unserer Gespräche immer wieder sagte: Strebt danach, euch wieder mit allem zu verbinden. Beendet den Zustand der Fragmentierung, der in euch und überall in eurer Welt existiert. Nur dann seid ihr bereit dafür, Fortschritte zu machen, Entwicklungschancen zu nutzen und euch so weit zu entwickeln, dass ihr wieder euren rechtmäßigen Platz im großen Ganzen einnehmen könnt.

Das ist der Kern unserer Botschaft an euer Volk. Nur ihr könnt dieses Ziel erreichen.

Etwas musste ich unbedingt noch wissen, bevor ich mich von dem Sídhe verabschiedete. Ich fragte: »Am Anfang unserer Gespräche hast du erwähnt, dass eine große Katastrophe über uns hereinbrechen könnte. Kannst du mehr darüber sagen?«

Die Katastrophe, die eure Spezies bedroht, ist eine zunehmende Blindheit. Damit meine ich nicht, dass ihr körperlich erblindet, sondern dass ihr immer stärker eure Fähigkeit verliert, die Wahrheit zu erkennen, die euch umgibt.

Alle Bereiche eurer Welt sind aufgespalten, fragmentiert und voller Konflikte. Jedes Fragment strebt nach etwas, das es in diesem Zustand niemals erlangen kann – Harmonie. Doch wenn eure Rasse lernt, diese Spaltungen zu überwinden, diese Gegensätze, werdet ihr feststellen, dass es ein unteilbares Muster der Ganzheitlichkeit gibt, das keine Fragmentierung zulässt.

Dieses Wissen wohnt euch inne, auch wenn ihr euch nur selten dafür öffnet. Jenseits eurer konflikthaften, fragmentierten Lebensweise gibt es einen tiefen, unerschöpflichen Brunnen des Einsseins. Sucht diesen Brunnen in euch, dann werdet ihr die tiefe Harmonie entdecken, die in der gesamten Schöpfung existiert.

Ich habe oft darauf hingewiesen, wie wichtig es ist, dass ihr wieder Kontakt zur Harmonie des Universums aufnehmt, die um euch herum existiert. So baut ihr die Verbindung zu den Teilen eures inneren Selbst neu auf, die ihr für so lange Zeit verleugnet habt. Versäumt ihr das, besteht die Gefahr, dass eure Spezies sich gar nicht mehr weiterentwickelt. Ihr könntet dann in einer Sackgasse festsitzen und den Weg hinaus nicht mehr finden.

Das ist aber nicht die Bestimmung eurer Inkarnation, ebenso wenig, wie es uns bestimmt ist. Wir glauben, dass ihr in der Lage seid, dieses Schicksal noch abzuwenden, und deshalb sagen wir euch keine dunkle Zukunft voraus. Wir möchten euch einfach auf die Gefahr hinweisen und haben euch nun Wege aufgezeigt, von denen wir hoffen, dass sie euch helfen werden, eine neue Harmonie mit dem großen Gewebe der Schöpfung herzustellen. Wenn wir damit erfolgreich sind, macht uns das zufrieden. Wenn nicht, werden wir voller Kummer mit ansehen müssen, dass unsere hoch geschätzten Reisegefährten leider am Wegrand zurückbleiben.

An dieser Stelle schwieg mein Besucher für einen Moment, und ich konnte die Wertschätzung, die er für mich empfand, deutlich spüren.

Dann sagte er:

Bis zu dem Tag, an dem wir dich an den Toren unserer Welt begrüßen können, sage ich dir nun Lebewohl.

Damit verschwand der Sídhe. Und so endete mein Dialog mit diesem Volk beinahe genauso abrupt, wie er begonnen hatte.

Eine Weile saß ich noch da und starrte auf die Große Glyphe. Ich fragte mich, warum ich mich plötzlich traurig und einsam fühlte, als hätte ein guter Freund mich für immer verlassen. Ich konnte nicht recht glauben, dass kaum mehr als ein Monat vergangen war, seit ich zum ersten Mal in den Grabhügel von Gortnasheen gekrochen war und ein neues Kapitel meines Lebens seinen Anfang genommen hatte. Ich konnte bereits spüren, dass mein Gespräch mit dem Vertreter der Sídhe viele Veränderungen in meinem Leben bewirkte. Meine Einstellung zu der Welt, in der ich lebte, hatte sich für immer gewandelt. Nie wieder würde ich durch einen Wald gehen oder am Meeresstrand entlang oder selbst noch durch die staubigen Straßen einer Großstadt, ohne mir des größeren Gewebes des Lebens bewusst zu sein, das mich umgibt.

Auch erfüllte mich ein neues Gefühl der Zuversicht, ein frischer Optimismus, was die Zukunft unserer Spezies angeht. Nach wer weiß wie vielen Jahrtausenden hatten wir zum ersten Mal wieder Kontakt zu einem Volk, das diese Erde schon viel länger bewohnte als wir und eine große Weisheit über die Verbundenheit allen Lebens bewahrt hat. Wir selbst haben, in unserer übereilten Jagd nach materiellem Fortschritt, diese Weisheit größtenteils vergessen und verleugnet.

Die Sídhe wussten es besser.

Sie waren und sind in der Lage, weit über den von uns selbst gesetzten engen Rahmen der Menschenwelt hinauszublicken in ein Universum von unendlicher Schönheit und Vitalität.

Und für uns braucht es nur einige wenige Schritte und Veränderungen, um wieder Teil dieser universellen Schönheit zu werden.

Kapitel 9

Die größere Harmonie

»In Wirklichkeit hört ihr dann auf, Beobachter zu sein, und werdet ein Teil dessen, was ihr betrachtet.«

Wegen der Art und Weise, wie die Sídhe mit mir kommunizierten, erschien es mir notwendig, die Übungen, die mein Besucher an mich weitergab, genau so aufzuschreiben, wie er sie mir übermittelte – also oft innerhalb eines fortlaufenden Gesprächs. Im Interesse der Leserinnen und Leser erscheint es mir allerdings sinnvoll, sie noch einmal separat zu präsentieren, klar und leicht verständlich. Daher finden Sie hier im abschließenden Kapitel diese Übungen, sechs an der Zahl, einschließlich der Arbeit mit der Großen Glyphe, in übersichtlicher Form für den täglichen Gebrauch.

Mein Gesprächspartner legte großen Wert auf die Feststellung, dass es die beharrliche und regelmäßige Anwendung dieser sechs Techniken ist, durch die sich Erfolge einstellen. Inzwischen mache ich diese Übungen schon seit einiger Zeit und kann berichten, dass sie bei mir deutliche Veränderungen bewirkt haben – vor allem, was meine Wahrnehmung des Universums angeht, das mich umgibt und von dem ich selbst ein Teil bin.

Eine andere Frage ist, ob diese Übungen bewirken können, dass uns der wichtige Schritt in unserer Evolution gelingt, den der Sídhe mir beschrieb. Das wird die Zukunft zeigen. Jedenfalls präsentiere ich

Ihnen hier die uns von den Sídhe empfohlenen Übungen in der aufrichtigen Überzeugung, dass wir alle davon profitieren werden.

Die sechs Übungen sind wirklich sehr einfach. Dennoch reicht, wie bei vielen solchen Methoden, ihre Wirkung recht tief und kann zu außergewöhnlichen Erfahrungen führen.

Nur indem wir diese Übungen anwenden, können wir herausfinden, ob das, was der Sídhe mir übermittelte, wahr ist. Wie schon gesagt, gilt hier wie bei den Dialogen, die Sie in den vorigen Kapiteln finden, dass letzten Endes die Leserinnen und Leser bestimmen, ob sie, wie ich, durch die Anwendung der Übungen Zugang zu einer vitalen inneren Wirklichkeit erhalten – einer Wirklichkeit, die jeden Aspekt der Welt berührt, in der wir leben.

ÜBUNG 1

Die Große Glyphe

Von Anfang an war mir klar, dass die Große Glyphe nicht nur für meinen persönlichen Gebrauch gedacht war. Andere sollten sie ebenfalls nutzen und dazu ausdrücklich ermutigt werden. Wie bei dem übrigen Sídhe-Material zögerte ich zunächst und fragte mich, ob ich es wirklich verantworten konnte, diese Kommunikations-Methode der Allgemeinheit zugänglich zu machen. Doch mein Besucher versicherte mir immer wieder, dass daraus kein Schaden entstehen könne und Menschen, die wie ich aufrichtig nach Selbsterfüllung strebten, auf diesem Weg Wissen der Art erhalten würden, das mir übermittelt worden war. »*Wer aber die Glyphe aus bloßer Neugierde oder mit zweifelhaften Absichten nutzt, wird überhaupt nichts erreichen*«, antwortete mein Besucher auf meine diesbezügliche Frage.

Sie sehen die Glyphe hier genau so, wie ich sie in der Kammer von Gortnasheen abgezeichnet habe. (Für das Buch wurde sie neu gezeichnet.) Ich empfehle Ihnen, dass Sie die Zeichnung heraustrennen oder fotokopieren. Wenn Sie dies als eBook lesen, zeichnen Sie sie vielleicht einfach ab. Falls erforderlich, vergrößern Sie die Glyphe ruhig. Hängen

Sie sie an eine Wand, wo Sie sie von einem bequemen Stuhl oder Sessel aus gut betrachten können. Wenn Sie möchten, können Sie zwei Kerzen anzünden. Stellen Sie die Kerzen links und rechts des Bildes auf. Setzen Sie sich dann und blicken Sie eine ganze Weile auf die Glyphe.

Nehmen Sie das Muster tief in Ihr Bewusstsein auf und beruhigen Sie Ihr Denken. Wenn Sie sich bereit fühlen und ausreichend entspannt, schließen Sie die Augen und folgen Sie der Glyphe, wo immer sie von ihr hingeführt werden. Es können mehrere Versuche notwendig sein, ehe Sie etwas sehen. Geben Sie nicht auf, vor allem wenn Sie wenig Erfahrung mit Meditationen haben. Es ist eine gute Idee, Stift und Papier bereitzulegen.

Mir ist in diesem Zusammenhang wichtig, darauf hinzuweisen, dass das, was Sie sehen oder hören werden, möglicherweise kaum Ähnlichkeit zu meinem eigenen Kontakt hat. Wenn ich die Sídhe richtig verstehe, nimmt jeder Mensch Dinge auf seine eigene Weise wahr, und entsprechend fasst er sie auf seine ganz eigene Weise auf.

Wenn Sie also einem Wesen begegnen, das anders aussieht und redet als das von mir beschriebene, deuten Sie das auf keinen Fall als Fehlschlag. Arbeiten Sie mit den Eindrücken, die sich bei Ihnen einstellen, und lassen Sie sich von ihnen leiten.

ÜBUNG 2

Unser Bewusstsein erweitern

Mein Besucher wies mich immer wieder darauf hin, dass wir lernen müssen, unsere Sichtweise zu verändern und wirklich zu sehen, was ist. Wenn wir uns die Mühe machen, tiefer zu blicken, nicht nur die Oberfläche der Dinge zu betrachten, gibt es für uns eine Menge zu entdecken. Das war jedenfalls meine Erfahrung in einem Londoner Park.

Unter den vielen Dingen, über die mich mein Sídhe-Gesprächspartner aufklärte, empfinde ich das Folgende als eine perfekte Einleitung für die zweite hier beigegebene Übung:

> Wenn ihr hinaus in die Natur geht, seht ihr zunächst nur die Oberfläche der Dinge. Bäume, Gras, Wasser, Blumen. Doch all das besitzt eine weit größere Realität. Einst wusstet ihr das. Wenn ihr es euch wirklich wünscht, könnt ihr dieses Wissen wiederentdecken. Schaut euch, wenn ihr das nächste Mal draußen in der Natur seid, intensiv um. Versucht, hinter der Oberfläche das wahre Wesen aller Lebewesen und Dinge zu erkennen, die ihr seht. Anfangs wird euch das wahrscheinlich nicht leicht fallen, doch mit der Zeit werdet ihr mehr und mehr sehen. Wenn ihr lange

genug und tief genug hinschaut, werdet ihr sogar beginnen, mit dem Geist der Objekte und Wesen zu kommunizieren, die ihr beobachtet. Ihr hört dann auf, Beobachter zu sein, und werdet ein Teil dessen, was ihr betrachtet.

Beginnt, indem ihr innerlich möglichst still und ruhig werdet. Stellt euch dann vor, dass ihr eine Bewusstseinsschicht, die euch nicht länger dienlich ist, zurückschlagt wie eine Decke – werdet euch dann eurer Augen bewusst, dessen, was sie wirklich sehen. Konzentriert euch gezielt auf bestimmte Dinge – beginnt dabei mit der natürlichen Welt. Versucht, durch die Oberfläche der Erde in sie hineinzublicken. Werdet euch bewusst, was dort unten geschieht.

Widmet der Übung während vielleicht sechs oder acht Wochen täglich etwas Zeit.

Am Ende dieser Phase wird sich euer Denken daran gewöhnt haben, sich in einem größeren Rahmen zu bewegen. Nach einiger Zeit wird dieser Prozess euch in Fleisch und Blut übergehen, und mit jedem Tag werdet ihr mehr sehen.

ÜBUNG 3

Aufmerksamkeit

Ganz eindeutig drehte sich alles, was mein Besucher zu sagen hatte, darum, wie es um unsere Aufmerksamkeit bestellt ist und wie wir unsere Umwelt wahrnehmen. Bei der dritten Übung – es ist eigentlich gar nicht wirklich eine Übung, sondern eine Anleitung, unsere Umwelt auf eine bestimmte Weise zu betrachten – geht es um diese Aufmerksamkeit. Bei mir bewirkte das ein tiefes Gefühl, dazu zu gehören, Teil des Universums zu sein.

Schenkt allem, was euch umgibt, Aufmerksamkeit: dem Flug der Vögel, den ziehenden Wolken, dem Tanz der Blätter im Wind. Lauscht dem Lied des Windes, dem Flüstern des Flusses, dem Gesang der Heuschrecken, summenden Bienen, krächzenden Krähen und bellenden Hunden.

Wo immer ihr seid, wo immer ihr hingeht, hört zu und schaut hin – und erinnert euch. In der bewussten Wahrnehmung all dieser Eindrücke findet ihr das Muster der Schöpfung, des großen Ganzen, von dem ihr ein Teil seid.

Wenn du das Geräusch hören kannst, das ein Schmetterling erzeugt, sobald er seine Flügel ausbreitet, dann kannst du das Lied deines eigenen unsterblichen Seins hören.

ÜBUNG 4

Traumreisen

Der Sídhe empfahl mehrfach, dass wir unser Bewusstsein darauf trainieren sollen, uns in Zustände zu versetzen, in denen wir besser und klarer sehen können. Einen davon nannte er »waches Träumen«. Dabei soll der Schlafende (oder vielleicht der Tagträumer) sich selbst darauf programmieren, einen bestimmten Ort aufzusuchen. Wie in Kapitel 7 geschildert, fand ich dabei die Vorstellung von der Höhle mit den vielen Ausgängen besonders wirkungsvoll.

> Stellt euch vor dem Einschlafen für einen Moment vor, ihr seid in einer riesigen Höhle, größer als der Ort, an dem wir beide uns zum ersten Mal trafen, und dass es dort viele Ausgänge gibt. Alles wird von sanftem Licht erhellt, so dass es keine Schatten gibt. Entscheidet euch für einen Ausgang und geht durch den dahinterliegenden Tunnel, während ihr in den Schlaf hinübergleitet. Oft werdet ihr dann Glyphen sehen, die dort in die Wände eingraviert sind – sie sollen euch helfen, euch daran zu erinnern, welchen Weg ihr gewählt habt zu dem Ort, an den der Tunnel jeweils führt. Wir benutzen diese Wege schon seit sehr langer Zeit für unsere Reisen.

Der vollkommene Ton

Mein Sídhe-Besucher sprach oft von Harmonie und Klang. Daher kam es nicht überraschend, dass er betonte, wir sollten unseren richtigen, harmonischen Ton finden. Ich habe das selbst einige Male ausprobiert und kann bestätigen, wie belebend es ist. Ich bin alles andere als musikalisch, habe aber festgestellt, dass nach meinen ersten wenig wohlklingenden Versuchen tatsächlich ein viel schönerer Ton entsteht – und wenn ich ihn anstimme, wächst mit jedem Üben mein Gefühl persönlicher Kraft und Selbstbewusstheit.

Verbringt jeden Tag etwas Zeit damit, über eure persönliche Note nachzudenken, den Ton, der euch repräsentiert, wenn alles, was existiert, als Musik betrachtet wird. Wenn ihr in der Lage seid, diese Note in vollkommener Weise zu singen, dann werdet ihr vollkommen sein. Es macht gar nichts, wenn die Note anfangs unbeholfen oder gar dissonant klingt – mit der Zeit und durch regelmäßiges Üben werdet ihr lernen, sie so erklingen zu lassen, wie sie sich ursprünglich anhören sollte. Wenn alle Wesen ihre Note perfekt anstimmen, wird die gesamte Schöpfung wieder vollkommen sein.

ÜBUNG 6

Reisegefährten

Die letzte uns von den Sídhe empfohlene Übung verspricht neue, faszinierende Entdeckungen. Wenn, wie mein Besucher sagte, es tatsächlich dort draußen andere Wesen gibt, die bereit sind, uns auf unserer Reise beizustehen, dann wartet eine aufregende Zukunft auf uns.

> Wenn ihr euch hinsetzt und euch auf das Gewebe der Schöpfung konzentriert, sei es mit Hilfe der Glyphe oder mit jeder anderen euch angenehmen Methode der inneren Einstimmung, werdet ihr nach kurzer Zeit die Gegenwart von Wesen spüren, die sich manifestieren möchten. Das können sie nur, wenn ihr euer Bewusstsein so fokussiert, wie ich es euch beschrieben habe. Wenn ihr eure Aufmerksamkeit ihnen zuwendet, werdet ihr merken, dass sie eine festere Gestalt annehmen, auch wenn sie in Wirklichkeit nur wie zarter Nebel in der Luft sind, so also, wie ich dir für kurze Zeit erschienen bin.
>
> Manchmal werden sie in Tiergestalt erscheinen oder als Wesen aus eurer Mythologie. Aber ihr werdet sie an ihren Absichten erkennen. Diese Absichten werden sich für euch wie eine sanfte Wärme anfühlen,

die von ihnen zu euch strömt. Diese Wesen meinen es nur gut mit euch und werden euch niemals belügen, wenn ihr sie nach ihren Absichten fragt. Mit ihnen könnt ihr zu vielen Orten in der Anderswelt reisen, die, was euer Raumverständnis angeht, fast unendlich ist. Seid ihr euch dieser Wesen einmal bewusst, könnt ihr auf Entdeckungsreise gehen – so wie es eurer Natur entspricht – und mehr über die verborgenen Verbindungen zwischen euch und dem großen Gewebe der Schöpfung herausfinden.

~ o ~

Jede dieser sechs Übungen kann eine Menge bewirken, besonders wenn sie mehrere Wochen lang konsequent praktiziert wird. Dann werden Sie nach und nach bei sich Veränderungen bemerken, die von Dauer sind.

Eines wird ganz sicher geschehen: Sie werden die Welt ganz neu entdecken, wenn Sie die geheimnisvollen und schönen Erkenntnisse der Sídhe in Ihrem Leben anwenden.

Nachbemerkung

Seit jenem schicksalsträchtigen Tag im Jahr 1998 bin ich nicht wieder nach Gortnasheen zurückgekehrt. Kurios ist, dass über dieses historische Monument, so weit ich gesehen habe, noch nichts veröffentlicht wurde. Die Medien interessieren sich bislang nicht dafür, selbst Keith Harris' Forschungsbericht ist nach wie vor nicht publiziert, und es sind auch keine anderen Artikel erschienen. Selbst von weiteren Ausgrabungen dort nach meinem Besuch hört und liest man nichts.

Das hat in mir Zweifel geweckt, ob meine Erlebnisse dort denn wirklich stattgefunden haben. Habe ich das Ganze am Ende vielleicht nur geträumt? Das glaube ich nicht. Immerhin hängt die Zeichnung der Großen Glyphe in meinem Arbeitszimmer an der Wand.

Ich habe die soliden Eindrücke meiner Sinne – und meine Erinnerung an meinen Besucher ist weiterhin klar und deutlich.

Dennoch frage ich mich, ob ich, sollte ich noch einmal in den Grabhügel kriechen, dort in der Kammer wohl noch die Glyphe vorfinden würde. Oder ist sie, nachdem ich sie abgezeichnet hatte, von der Wand verschwunden? Aber vielleicht spielt das letztlich gar keine Rolle.

Die Glyphe hat ihren Zweck erfüllt, den Kontakt zwischen mir und den Sídhe zu ermöglichen. Ich bin überzeugt, dass sie bald auch anderen Menschen ermöglichen wird, Verbindung mit dem Volk der Sídhe aufzunehmen.

~ o ~

Ich hoffe, dass die Botschaft des Feenvolkes bei denen, die dieses Buch lesen, viele Fragen und den Wunsch nach weiteren Gesprächen auslösen wird – mindestens so viele Fragen, wie für mich nach dem Ende des Dialogs mit meinem Besucher offen geblieben sind. Und ich glaube, dass wir die Antworten erhalten werden.

Eines Tages, das habe ich mir fest vorgenommen, werde ich nach Gortnasheen zurückkehren, auf der Suche nach diesen Antworten.

Wer weiß, was bei meiner Rückkehr an diesen Ort geschehen wird. Vielleicht nichts. Vielleicht alles. Wir werden sehen.

Leseempfehlungen

Es gibt umfangreiche Literatur zur Geschichte der Sídhe und der andersweltlichen Wesen. Die irischen Überlieferungen sind voll von Berichten über Begegnungen mit ihnen. Viele dieser Erzählungen sind absonderlich und widersprüchlich – und stehen auch klar im Widerspruch zu dem, was mein Sídhe-Besucher mir über sein Volk mitteilte.

Für jene, die gerne mehr lesen möchten, habe ich diese Literaturliste zusammengestellt – wobei Sie sich aber im Klaren darüber sein sollten, dass die in den Werken enthaltenen Informationen nicht immer mit dem übereinstimmen, was ich auf den vorangehenden Seiten aufgeschrieben habe.

Coghlan, Ronan: *Handbook of Fairies*. Capal Bann Publishing, 1998.

Keightley, Thomas: *The Fairy Mythology*. Wildwood House, 1981.

Matthews, C. & J.: *The Fairy Tale Reader*. Aquarian Press, 1993.

Matthews, J.: *The Secret Lives of Elves and Faeries*. Godsfield Press, 2005.

Narvaez, Peter: *The Good People*. University Press of Kentucky, 1997.

Spence, Lewis: *The Fairy Tradition in Britain*. Rider & Co, 1948.

Spence, Lewis: *British Fairy Origins*. Aquarian Press, 1981.

Stewart, R. J.: *The Living World of Faery*. Gothic Image Publishing, 1995.

Stewart, R. J., Robert Kirk: *Walker Between Worlds*. Element Books, 1990.

Wentz, W. Y., Evans-Wentz, W. Y.: *The Fairy Faith in Celtic Countries*. Oxford University Press, 1911.

Yeats, W. B.: *Irish Fairy & Folk-Tales*. Walter Scott, 1893.

Leider liegt keines dieser Bücher auf Deutsch vor.

Zur deutschen Ausgabe

Das im vorliegenden Buch enthaltene Material wurde erstmalig 2004 veröffentlicht. Mehrere gute Freunde, deren eigene Arbeit auf diesem Gebiet ich inspirierend fand, hatten die Urfassung des Manuskripts gelesen und mich ermutigt.

Niedergeschrieben hatte ich den Text bereits ein paar Jahre früher, aber lange gezweifelt, ob er sich für eine Veröffentlichung eignete. Damit, dass die Reaktionen so ermutigend und warmherzig ausfallen würden, hatte ich nicht gerechnet, und auch nicht damit, dass das, was ich da aufgeschrieben hatte, seither auf so großes, ständig zunehmendes Interesse stoßen würde. Das ist nicht mein Verdienst, denn ich habe lediglich als Kanal für jene Wesen gedient, die uns unter dem Namen Sídhe bekannt sind (mich vor Kurzem aber informierten, dass sie selbst sich anders nennen – wie, haben sie allerdings noch nicht offenbart). Der Erfolg dieses Buches zeigt, wie wertvoll das, was sie mitgeteilt haben und weiterhin mitteilen, für uns Menschen ist.

Es freut mich sehr, dass die Botschaft der Sídhe jetzt auch in deutscher Sprache für Suchende verfügbar ist. Ich hoffe und wünsche mir, dass die deutschen Leserinnen und Leser mithelfen werden, die Weisheit dieser Wesen weiter zu verbreiten. Mögen diese Worte und Übungen in einer Zeit, in der die ganze Welt so von Angst und Sorge in Atem gehalten wird, allen, die das Buch lesen, Trost und Hoffnung spenden. All das ist Teil einer sich stetig weiterentwickelnden und vertiefenden Beziehung zwischen uns und den Sídhe, durch die neue Tore zwischen den Welten geöffnet werden.

Besonders freue ich mich, dass David Spangler, mein Freund und Mitreisender auf dem Pfad der spirituellen Suche, der mich von Anfang an ermutigte und unterstützte, seine eigene Weisheit zu diesen Seiten beigetragen hat.

John Matthews
Oxford 2021

John Matthews hat über sechzig Bücher zu den Artussagen und der Grals-Mythologie sowie zahlreiche Kurzgeschichten und Gedichtbände veröffentlicht. Die vergangenen dreißig Jahre widmete er zum großen Teil der Erforschung der Artus-Traditionen und der Mythologie im Allgemeinen. Zu seinen bekanntesten und verbreitetsten Werken zählen *Der Gral* (Aurum 1998), *Quest for Eternal Life, The Arthurian Tarot* (in Zusammenarbeit mit seiner Frau Caitlin) und *The Winter Solstice*, für das er 1999 mit dem Benjamin Franklin Award ausgezeichnet wurde. Er war Gastherausgeber der Zeitschrift *Arthuriana*, und sein Buch *Celtic Warrior Chiefs* wurde von der New York Public Library als Lektüre für Jugendliche empfohlen.

John war an zahlreichen Medienprojekten beteiligt, nicht nur als Autor. So war er historischer Berater für den von Jerry Bruckheimer produzierten und von Antoine Fuqua inszenierten Kinofilm *King Arthur* (2004). Seine Vorträge finden in Europa und den USA großen Anklang. Er lehrte unter anderem an der Temenos Academy in London, am St Hilda's College, Oxford, am New York Open Centre und an der Uni-

versity of Seattle. Auch arbeitete er mit der Joseph Campbell Foundation zusammen.

Im Jahr 2002 erschien seine lang erwartete Ausgabe von Thomas Malorys Meisterwerk *Le Mort D'Arthur*. Er veröffentlichte die Kartendecks *Das Gral-Tarot* (Südwest) und *Das Wildwood-Tarot* (Arun). Weitere Informationen über ihn und seine Frau Caitlin, ihre Bücher und Seminare finden Sie auf Johns und Caitlins Website:

www.Hallowquest.org.uk

Stimmen zum Buch

»Bei John Matthews verbindet sich ein Leben als engagierter Forscher und Gelehrter mit einem tiefen Interesse an jenen inneren und spirituellen Welten, die den nicht-physischen Teil der Ökologie unseres Planeten ausmachen. Nirgendwo kommt diese Kombination so wunderbar zum Tragen wie in diesem Buch, das zudem seine Talente als Schriftsteller und Erzähler offenbart. So entstand ein Werk, das auf gut verständliche, leicht lesbare Art einen Schatz an einzigartiger Weisheit bereithält. Ich kann es gar nicht genug empfehlen!«

David Spangler,
Autor von *Techno-Elementale: Beseelte Technik*

»Ich lege dieses Buch allen ans Herz, die mehr über Kontakte zur lebendigen Welt der Feen erfahren wollen. Es handelt sich hier nicht um ein skurriles Fantasieprodukt, sondern um einen glaubhaften, auf realen Erfahrungen beruhenden Bericht. Zudem ist der Autor als Gelehrter tief in der keltischen Überlieferung und der Artus-Tradition verwurzelt. Er ist ein ausgewiesener Kenner der alten Mythen des Westens. Wir dürfen also darauf vertrauen, dass er kein ›keltisches‹ Material erfindet, wie es so viele andere moderne Autoren aus sentimentalen oder kommerziellen Gründen tun, womit sie Schaden anrichten und für Verwirrung sorgen.

Als ich diesen Text las, fühlte ich mich an die großen Meister unserer Überlieferung erinnert, wie AE (George William Russell), Fiona Macleod oder W. B. Yeats – nicht, weil John Matthews ein Nachahmer ihrer Werke wäre, sondern weil er heute aus der gleichen tiefen Quelle der Feen-Kommunikation schöpft wie damals, vor über hundert Jahren, auch sie. Daher empfehle ich sein Buch wegen seines einzigartigen und authentischen Inhalts und weil es sich harmonisch in eine im westlichen Bewusstsein seit langem bestehende Tradition der Feen-Spiritualität einfügt. Lesen Sie es! Lassen Sie sich davon inspirieren! Und wenden Sie dann die Übungen an und machen Sie Ihre eigenen Erfahrungen.«

R. J. Stewart,
Autor von *Erd-Licht* und *Erd-Kraft*

»Dieses Buch enthält einen faszinierenden Bericht über einen Kontakt mit der Anderswelt. Es regt uns alle dazu an, unsere bisherige Lebensweise zu ändern, tiefer in unsere unmittelbare Umgebung und das Universum einzutauchen und auf diese Weise uns selbst und dem ganzen Planeten zu helfen. Der realistische Charakter dieses Berichts verleiht ihm große Wahrhaftigkeit.«

Dorothy Maclean,
Autorin von *Du kannst mit Engeln sprechen*

»Die feinstofflichen Bereiche der Technik bilden ein eigenes Ökosystem …«

Vor einigen Jahren erkundete mein Freund und Kollege John Matthews, ein weltbekannter Forscher auf dem Gebiet der Artussage und des keltischen Schamanismus, die digitale Welt als eine sich neu entwickelnde feinstoffliche Zone. Obwohl wir unterschiedliche Methoden anwandten, reisten wir genauso in den virtuellen Raum, wie wir in die feinstoffliche Umwelt gereist wären, und zu meiner und, ich denke, auch Johns Überraschung entdeckten wir beide, dass hier tatsächlich eine objektive feinstoffliche Realitätsebene entsteht.

John schickte mir dazu folgende Anmerkung:

> »Als ich dorthin reiste, sah ich eine Landschaft, die durch ein Liniennetz definiert war, ähnlich wie in dem Film *Tron*. Wenn ich hinschaute, formte sich daraus ein Hügel oder Tal, und wenn ich wegschaute, hatte ich den Eindruck, dass die Landschaft wieder in ihren unausgeformten Zustand zurückkehrte. Mir wurde klar, was für eine perfekte Metapher für unsere inneren Welten der Cyberspace ist. Er besitzt keine physische Realität, und doch existiert er, und teilweise wird er von uns selbst in Zusammenarbeit mit dem Universum erschaffen.«

Zu einer anderen Zeit schrieb er:

> »In einem meiner Schamanismus-Seminare brachte ich den Teilnehmern bei, durch ihre Computermonitore in ein neues Land der Anderswelt zu reisen. Meine Verbündeten beschrieben das als ›in Arbeit befindliches Werk‹. Sie sagten mir, durch unsere Reisen in den Cyberspace würden wir in den feinstofflichen Welten ein neues Land erschaffen.«

Ich machte ähnliche Erfahrungen. Doch als ich Ausschau nach »Cyber-Elementalen« hielt, Wesen also, die ausschließlich mit dem virtuellen Raum verbunden waren, entdeckte ich keine. Ich kam allerdings in Kontakt mit feinstofflichen Verbündeten, die normalerweise Menschen begleiten, was ja durchaus Sinn ergibt, wenn man bedenkt, dass der Cyberspace in vielerlei Hinsicht eine Projektion des menschlichen Bewusstseins ist.

Nach einiger Zeit bemerkte ich auch eine Art von Engel-Präsenz, die dieses sich neu entwickelnde feinstoffliche Gebiet erhellte und Segen darauf ausstrahlte.

Ich würde aber nicht sagen, dass es sich dabei um einen speziellen »Engel« oder »Deva« des Cyberspace handelte, wobei ich natürlich nicht ausschließen kann, dass ein solches Wesen existiert.

Der wichtigste Aspekt des Cyberspace scheint mir ein Phänomen zu sein, das ich zufällig entdeckte, als ich meine ersten Seminare im Internet gab. Da ich schwerhörig bin, war ich es zwar gewohnt, dass die Kommunikation mit den Teilnehmern oft schriftlich erfolgte, aber ich war mir alles andere als sicher, ob Seminare energetisch im Internet funktionieren konnten.

Meine Hörprobleme waren auch bei Präsenzseminaren mitunter hinderlich, aber das wurde durch das Feld aus feinstofflicher Energie und Resonanz, das die Teilnehmer und ich gemeinsam aufbauten, mehr als ausgeglichen, ja die feinstofflichen Energie-Übertragungen zwischen uns bildeten sogar ein besonders wichtiges Element der Seminare. Ich hatte keine Ahnung, ob das online ebenfalls funktionieren würde.

Doch es zeigte sich, dass das zwischen mir und meinen Online-Schülern erzeugte feinstoffliche Feld genauso stark und manchmal sogar stärker war als jenes, das sich bei den Präsenzseminaren manifestierte, wenn wir uns alle zusammen in einem Raum befanden.

Ich stellte fest, dass der Cyberspace tatsächlich als kraftvoller Leiter für feinstoffliche Energien wirken konnte, was, wenn ich darüber nachdachte, vollkommen nachvollziehbar war, da es sich bei dieser Sphäre ja um eine im Wesentlichen mentale und imaginative Welt handelte. Auch fehlten die Ablenkungen, die in der physischen Welt jederzeit auftreten konnten.

Dadurch konnte sich das feinstoffliche Feld ganz ungehindert aufbauen, ohne von unseren persönlichen Reaktionen darauf beeinträchtigt zu werden, wie jemand aussah oder seine Stimme sich anhörte!

Aufgrund dieser Erfahrung begann ich, den Cyberspace als Medium zum Aussenden von Segnungen zu nutzen. Ich arbeite inzwischen fast täglich am Computer, nutze ihn zum Schreiben und für die Online-Seminare. Wenn ich mich einlogge und die digitale Verbindung zwischen meinem Computer und dem Internet aufgebaut wird, mache ich mir bewusst, dass ich einen Raum betrete, der von Millionen Menschen geteilt wird. Ich nehme Verbindung zu meinen spirituellen Verbündeten auf und bitte darum, dass meine Anwesenheit im Cyberspace eine Tür sein soll, durch die Segnungen zu denjenigen fließen mögen, die sie am meisten brauchen. Ich nutze also die Resonanz, die von unzähligen Menschen, die zur selben Zeit das Gleiche tun, erzeugt wird, um einen Link zu erschaffen, durch den Segnungen und gute Energie fließen können.

Diese einfache Praxis, die jeder Mensch anwenden kann, verwandelt den Computer unwillkürlich in ein spirituelles Werkzeug. Und das funktioniert auch mit einem Smartphone. Jedes digitale Gerät, das uns den Zugang zum Cyberspace als »Raum der Verbindungen« ermöglicht, kann auf diese einfache Weise als Portal für Segenswünsche genutzt werden.

Ich betrachte die feinstoffliche Welt der Technik mit all ihrer Vielfalt und Vernetzung als »zweite Ökologie« der Erde. Sie existiert in wechselseitiger Abhängigkeit zu der uns vertrauten physischen Ökologie der natürlichen Elementale und ist eng mit ihr verwoben. Doch sehr zu unserem Schaden ignorieren wir diese »zweite Ökologie« bisher, und das in einer Zeit, in der es für uns eigentlich dringend notwendig wäre, unsere ganzheitliche Verbundenheit mit unserem Planeten wiederzuentdecken und zu stärken.
